> 事例で学ぶ！

発達障害のある高校生の進路指導ガイド

5つのポイントで分かる指導・支援

独立行政法人
国立特別支援教育総合研究所 編著
伊藤由美・榎本容子・小澤至賢・相田泰宏 著

明治図書

はじめに

　高等学校卒業後の進路に関する支援については，「新しい時代の特別支援教育の在り方に関する有識者会議報告」（2021）の中で，進路先で困難さを抱える生徒がいることに触れ，学校段階から卒業後を見据えた指導・支援を行うことや，進路先へ情報の確実な引継ぎを行うこと，そのために特別支援学校や関係機関との連携を行うことが重要であることが指摘されています。こうした指摘を鑑み，国立特別支援教育総合研究所では，令和3～5年度重点課題研究「高等学校における障害のある生徒の社会への円滑な移行に向けた進路指導と連携の進め方等に関する研究」を実施しました。

　99％近い生徒が高等学校へ進学をする状況の中，障害のある生徒もほとんどが進学をしており，中でも，発達障害のある生徒への支援は課題となっています。そこで，この研究では，障害のある生徒の中でも特に発達障害等のある生徒に焦点をあて，社会への円滑な移行を支える進路指導と，その過程の中で必要となる連携の進め方を明らかにすることを目的としました。

　進路先となる大学や企業でよく見られる適応困難の状態や，進路指導への期待，特別支援学校や関係機関による高等学校への可能な支援内容などについて調査を実施し，得られた知見を学校現場で活用しやすいようにまとめたのが本書になります。本書は，大学，企業，高等学校，特別支援学校，関係機関の皆様の調査協力及び，研究協力者の方々のご助言により取りまとめることができました。ぜひ広く高等学校の先生に一読いただき，障害のある生徒への指導・支援にご活用いただければ幸いです。

　　　　　　　　　　　　　　　　　　　研究代表者　伊藤　由美

本書における用語の定義

　本書では，発達障害を対象に事例や調査の結果をまとめています。発達障害の定義については，ここに示していますのでご確認ください。

発達障害とは

　発達障害は，発達障害者支援法において，「自閉症，アスペルガー症候群その他の広汎性発達障害，学習障害，注意欠陥多動性障害その他これに類する脳機能の障害であってその症状が通常低年齢において発現するものとして政令で定めるもの」と定義されています。

　本書における，「学習障害（LD）」「注意欠陥多動性障害（ADHD）」「自閉症，アスペルガー症候群その他の広汎性発達障害（ASD）」の説明は以下の通りです。なお，本書では，各障害について，LD，ADHD，ASDと表記しています。

LD	基本的には全般的な知的発達に遅れはないが，聞く，話す，読む，書く，計算する又は推論する能力のうち特定のものの習得と使用に著しい困難を示す様々な状態を指すもの
ADHD	年齢あるいは発達に不釣り合いな注意力，及び／又は衝動性，多動性を特徴とする行動の障害で，社会的な活動や学業の機能に支障をきたすもの
ASD	他人との社会的関係の形成の困難さ，興味や関心が狭く特定のものにこだわること等を特徴とする行動の障害

＊調査結果を引用している場合は，障害の定義は引用元によるものとします。
＊発達障害についての詳しい説明は，国立特別支援教育総合研究所　発達障害教育推進センターのホームページにてご確認いただけます。
　https://cpedd.nise.go.jp/

また，文中の表記に「発達障害等」と記述した部分もあります。発達障害の特性による困難さは人によって異なるため，困難さがあっても，医療機関にかかり診断を受けたり，相談機関などで何らかの判定を受けていなかったりする場合も多くあります。そのため，診断や判定はないが，発達障害の特性に起因すると思われる困難さがある場合を「等」で表しています。

本書における用語の定義

　本書は，発達障害等のある生徒の学校から社会への円滑な移行を支える進路指導や連携の進め方について，事例を交えて情報提供を行うことを目的としています。
　本書では，進路指導に関わる用語を次のように定義し用いています。

■ キャリア教育

　「一人一人の社会的・職業的自立に向け，必要な基盤となる能力や態度を育てることを通して，キャリア発達を促す教育」のことをいう。なお，キャリア発達とは，「社会の中で自分の役割を果たしながら，自分らしい生き方を実現していく過程」を指す（中央教育審議会，2011）。

■ 進路指導

　生徒が自らの生き方を考え，将来に対する目的意識を持ち，自らの意志と責任で進路を選択決定する能力・態度を身に付けることができるよう，指導・援助すること（文部科学省，2004）をいう。キャリア教育と進路指導の概念に大きな差異は見られないが，進路指導は，中学校・高等学校に限定される教育活動である。
　本書において，「進路指導」という用語を用いる場合，卒業後の「出口指導」に留まるものではなく，キャリア発達の支援を踏まえるものとする。

■ 学校から社会への円滑な移行を支える進路指導

　進路指導に関わる教員が，障害のある生徒に対し，卒業後を見据えた指導・支援を地域の専門機関とも連携しながら丁寧に取り組むことで，生徒が，自分の進路希望と適性（学力，特性等）等を勘案しつつ，「自分にとってよりよい，また無理のない進路選択」と「そのための準備（進路先への配慮要請や福祉サービスの利用等，環境調整を含む）」を主体的に進めていく過程を支え，卒業後の進路先での不適応の予防・軽減につなげる取組を指す。本書はこうした立場から執筆したものである。

　なお，以下に説明した「通級による指導」は，発達障害等のある生徒の進路指導の下支えとなる，1つの学びの機会として捉えています。

■ 通級による指導

　大部分の授業を通常の学級で受けながら，一部の授業について障害に応じた特別の指導を「通級指導教室」で受ける指導形態である。通級による指導は，「個々の幼児児童生徒が自立を目指し，障害による学習上又は生活上の困難を主体的に改善・克服しようとする取組を促す教育活動」である「自立活動」の項目（p.81，表1）を参考として行われる。

目　次

はじめに　　003

本書における用語の定義　　004

第1章
発達障害等のある生徒の進路指導に関する現状と課題

第1節　進学の場合 ……………………………………………… 012
　1．大学等への進学の状況
　2．進学に向けた課題
　3．進学後に生じうる課題
　4．進路指導に対する大学の期待

第2節　就職の場合 ……………………………………………… 019
　1．企業への就職の状況
　2．就職に向けた課題
　3．就職後に生じうる課題
　4．進路指導に対する企業の期待

第3節　まとめ …………………………………………………… 027
　COLUMN ①　　028
　COLUMN ②　　030

第2章
発達障害等のある生徒への進路指導の充実に向けて

第1節　進路指導の充実に向けた5つのポイント ……………… 034
1．組織的対応
2．自己理解を促す指導・支援
3．自立と社会参加への力を育む指導・支援
4．進路先決定を支える指導・支援
5．連携による支援

第2節　ポイント別取組例【5名の事例から（Aさん～Eさん）】 …… 065
1．組織的対応
2．自己理解を促す指導・支援
3．自立と社会参加への力を育む指導・支援
4．進路先決定を支える指導・支援
5．連携による支援

第3節　まとめ …………………………………………………………… 077
COLUMN ③　　078
COLUMN ④　　080

第3章
発達障害等のある生徒への進路指導に関する事例

第1節　進学の場合 ……………………………………………………… 084
Fさんの事例　　084
1．進路指導前のFさんの概要

2．高等学校の概要
  3．進路指導の取組

 Gさんの事例　088
  1．進路指導前のGさんの概要
  2．高等学校の概要
  3．進路指導の取組

 Hさんの事例　092
  1．進路指導前のHさんの概要
  2．高等学校の概要
  3．進路指導の取組

第2節　就職の場合 ·· 096
 Iさんの事例　096
  1．進路指導前のIさんの概要
  2．高等学校の概要
  3．進路指導の取組

 Jさんの事例　100
  1．進路指導前のJさんの概要
  2．高等学校の概要
  3．進路指導の取組

 Kさんの事例　104
  1．進路指導前のKさんの概要
  2．高等学校の概要
  3．進路指導の取組

第3節　まとめ ……………………………………………………………… 108
　　COLUMN ⑤　　110
　　COLUMN ⑥　　111
　　COLUMN ⑦　　112
　　COLUMN ⑧　　114

引用・参考文献　　116

資料1　発達障害等のある生徒の進学・就職についての情報源　　118
　　1．障害のある学生の支援について
　　2．障害のある人の雇用や就労支援について
　　3．障害者手帳について
　　4．相談・支援機関について

資料2　キャリア教育に関する資料　　126

著者紹介（執筆分担）　　127

第1章
発達障害等のある生徒の進路指導に関する現状と課題

　発達障害等の障害のある生徒の進路指導にあたっては，卒業後の進路先での適応や進歩・向上を見据えながら，生徒の希望や能力・適性を踏まえた助言や情報提供を行っていくことが求められます。研究の過程の中で，高等学校の先生方から，進路指導に向けて，「学校卒業後の実態を知りたい」「進路先のニーズが分かるとよい」等の意見が寄せられました。
　本章では，卒業後の進路を進学，就労に分け，進路指導の現状と課題に触れつつ，高等学校段階での指導・支援に期待される内容を解説します。

第1節 進学の場合

1．大学等への進学の状況

　大学等への進学率は年々高まっています。文部科学省（2023）の令和5年度学校基本調査を見ると，「全日制・普通科」では71.2％が，「全日制・専門学科（うち職業学科）」でも25.4％が大学等へ進学をしています（うち，「全日制・普通科」では9割以上，「全日制・専門学科（うち職業学科）」では8割以上が大学の学部に進学）。こうした進学者の中には，発達障害等，特別な教育的ニーズのある生徒も含まれることが想定されます。

　では，大学における発達障害等のある学生の在籍状況はどのようになっているのでしょうか。日本学生支援機構（2023）の令和4年度の調査結果を見ると，全障害学生数49,672名のうち，発達障害の診断のある学生は10,288名（20.7％）でした。また，このうち，69.6％が支援発達障害学生となっており，障害種の内訳を見ると，ASDが44.0％で最も多く，ADHDが32.7％と続いていました。

　なお，発達障害の診断はないが配慮を受けている学生の在籍状況も確認されており，多様な実態の生徒が進学している状況があることがうかがえます。

2．進学に向けた課題

(1) 学部・学科の選択

　障害の有無にかかわらず，進学先の選択に向けては，「将来自分はどうなりたいか」「そのために，自分に必要な学びは何か」を考えることが必要です。しかし，発達障害等のある生徒の中には，自分の将来像をイメージしにくかったり，進学に向けた情報をうまく収集しにくかったりする場合があり

ます。また，行きたい学部・学科を考えることはできているものの，教員から見ると本人の適性に合っていないのではないかと心配になる場合もあります。

　こうしたつまずきが見られる場合，生徒が将来就きたいと考えている仕事について，職場の訪問・見学や就業体験，職業人講話の機会を設けるなどをしてできるだけ具体的に情報収集できるよう支援したり，そのために必要となる大学での学びについて，オープンキャンパス等も活用しながら具体的にイメージを深められるよう支援したりすることが望まれます。その上で，生徒との対話を通し，大学等と高等学校での学びの違い，進学先として希望する大学等が生徒の進路希望と適性（学力，特性等）に合っているか，進学後の生活で予想される困難がある場合，どのような対処が考えられるか等を一緒に考えていくことが望まれます。

(2) 入試

　志望校の検討と併せて重要となるのが入試の準備です。障害の有無にかかわらず，入試では緊張やプレッシャーから力を発揮しにくいことがあります。しかし，発達障害がある場合，「集団の中で試験が受けられない」「試験中に答えを口に出してしまう」「試験問題を読むのに時間がかかる」「解答を書くのに時間がかかる」「マークシートをうまく塗りつぶせない」などの困難が生じることがあります（日本学生支援機構，2015）。このような場合，所定の申請手続きにより，大学入学共通テストや志望大学の個別学力検査で，合理的配慮を受けられることがあります。例えば，大学入学共通テストの「令和6年度　受験上の配慮案内」を見ると，合理的配慮の申請にあたっては，「受験上の配慮申請書」のほか，所定の「診断書」及び「状況報告書」の提出が求められています。これらの様式では，申請する合理的配慮内容を必要とする理由のほか，心理・認知検査や行動評定，高等学校等で行った配慮実

績等を記述する欄が設けられています。このことから，学校段階からの生徒の実態把握に基づく合理的配慮の積み重ねが重要になることがうかがえます。

なお，大学入試センターのホームページには，受験上の配慮についてＱ＆Ａが掲載されており，例えば，次のような質問に対する回答が載せられています。受験を行う年度の最新情報を確認するようにしましょう。

Q　○○という障害（病気）があります。どのような配慮事項を申請すればよいですか？

Q　聴覚過敏の症状があり，耳栓を使用したいのですが，配慮申請は必要ですか？

Q　病気・負傷や障害等のために試験時間中に使用したいものがありますが，配慮申請は必要ですか？

Q　障害者手帳のコピーを診断書の代わりとすることは可能ですか？

提出書類の一部が間に合わないなど，作成書類に不備がある場合，申請受付は行われません。入試にあたり合理的配慮を申請することが想定される場合は，本人・保護者との調整のもと，早めに受験先に相談し，対応していくことが望まれます。

合理的配慮の例

3．進学後に生じうる課題

(1) 学業

　障害のある生徒に対し，進路に関する指導・支援を行うにあたっては，進学先の選択や入試に向けた支援のみならず，進学先での学生生活を見通した指導・支援を行うことも重要です。例えば，発達障害等のある学生の場合，進学後に以下のような困難を抱えることがあります。こうした中，困難の予防・軽減に向けて，学生生活における合理的配慮の申請についても考えていくことが望まれます。

- 計画的な授業選択が難しい
- 遅刻や欠席を繰り返す
- グループワークや話し合いへの参加が難しい
- 締め切りまでに提出物を出せない
- 単位取得に必要なレポートを出せない（作成できない，作成しても内容が基準に達しない）

　大学等における合理的配慮内容の決定の手続きは，「障害のある学生の修学支援に関する検討会報告（第二次まとめ）について」（文部科学省，2017）によれば，次のような流れになります。

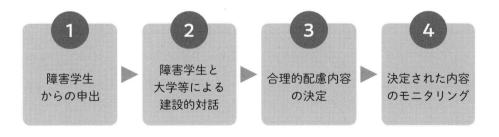

高等学校までは，教員が生徒のニーズを踏まえ，自発的かつ自然な形で配慮や見守りを行っている状況も少なくありません。しかし，学習形態が異なる大学では，困りごとに対し自分から相談したり，自分から配慮申請を申し出たりする必要があります。そのため，生徒が「自分はこれが得意だ」「自分はこれが苦手だが，こう工夫すればできる」「自分にはこれはどうしても難しそうなので配慮をお願いしたい」と言えるように，多角的に自分についての理解を深め，自分に必要な配慮を，対話を通し適切に伝えられる力を育むことが重要となります。

　なお，大学等における合理的配慮については，日本学生支援機構のホームページに例示されていますので，必要に応じて生徒と一緒に考えられるとよいでしょう（詳細は「資料Ⅰ」参照）。

(2) 就職活動

　発達障害等がある場合，学業のみならず，就職面においても困難を抱えることがあります。一般的に就職活動が本格化するのは大学3年生からですが，学業に困難を抱える場合，卒業に必要な単位が足りないなど，就職活動に向けた時間をなかなか確保しにくいことがあります。

　就職に向けては，自己分析や業界分析，志望動機の作成，面接対策やテスト対策などを，学業と両立しながら自発的に進めていく必要があります。しかし，発達障害等がある場合，このような複数の作業を計画的に進めることに困難を抱えることがあります。

　こうした中，大学等における発達障害の診断のある学生の卒業率（最高年次学生数に占める卒業者の割合）は69.0％，就職率（就職希望者に占める就職者の割合）は71.5％であり，身体障害（例えば，視覚障害：卒業率85.7％／就職率：77.5％，聴覚・言語障害：同88.3％／同88.7％，肢体不自由：同86.1％／同79.0％）と比べると相対的に低い値となっています（日本学生支援機構，2023）。

これに対し，発達障害の診断のある学生に授業以外の支援を実施している530校における支援状況を見ると，「就職支援情報の提供・支援機関の紹介」は37.5％，「就職先の開拓・就職活動支援」は26.6％，「障害学生向け求人情報の提供」は23.6％，「インターンシップ先の開拓」は10.9％となっています。進学後に必ずしも必要な支援を受けられるとは限らない状況がある中，高等学校は，自立に向けた準備期間を提供することができる重要な教育機関であることを踏まえ，卒業後を見据えた指導・支援を充実させていくことが期待されています。

4．進路指導に対する大学の期待

　最後に，高等学校の進路指導に対して，大学からはどのような期待が寄せられているのでしょうか。以下に，私たちが実施した調査結果の一部をまとめました。こうした取組を生徒及び保護者と調整の上，進めることが望まれます。

Q　高等学校への進路指導の期待は？

A　生徒の自己理解（特性・適性）を促す指導

○生徒自身が自分の特性を理解するような支援（得意なこと，不得意なこと，それを補うためにどのようなサポートが必要か等）をしてほしいです。【私立大学・キャリアセンター】

○本人の得意・不得意や適性などの自己理解を深め，自分に合った進路を考えることができるような支援を期待します。【私立大学・障害学生支援室】

○障害への基本的理解と自己受容を高め，自ら積極的に相談等ができる

力の向上を求めます。【国立大学・障害学生支援室】

A 大学のカリキュラム等に対する理解

○高等学校の学校担任と学生のような，常に1対1の支援が難しいこと，障害による困りごとへの支援は行うが単位取得に対する本人の努力が必要であるという部分の指導を希望します。【公立大学・学生課】
○学科の雰囲気や授業の内容を知ることができるオープンキャンパスへの積極的な参加を促してほしいです。【私立大学・学生課】

A 大学と生徒の特性とのマッチング

○大学は専門教育となるため，各学科の修学内容や大学卒業後の進路先をよく理解し，本人の発達障害の特性もよく把握した上で，ミスマッチとならないようなきめ細やかな進路指導を期待します。【私立大学・障害学生支援室】

Q 大学への情報の引継ぎへの期待は？

A 生徒に関する情報提供

○配慮の有無とその内容。保護者の理解度，支援，期待されることなどを教えてほしいです。【私立大学・キャリアセンター】
○入学決定後には，生徒のよい面だけに限らず学校側の懸念事項や留意点についても積極的に情報提供してほしいです。【国立大学・キャリアセンター】

A 文書による引継ぎ

○個別の教育支援計画を引継げるように推進してほしいです。【国立大学・保健管理センター】

第2節 就職の場合

1. 企業への就職の状況

　就職状況は，高等学校の学科等によって大きく異なります。文部科学省（2023）の令和5年度学校基本調査を見ると，「全日制・専門学科（うち職業学科）」では46.5％が，「全日制・普通科」では5.8％が，「定時制」では36.4％が就職を行っています。こうした就職者の中には，発達障害等，特別な教育的ニーズのある生徒も含まれることが想定されます。

　これまでに，障害のある高等学校卒業者の就職状況を把握した調査は見当たりません。そのため，ここでは，厚生労働省（2019）の「平成30年度障害者雇用実態調査結果」と，障害者職業総合センター（2020）によるその二次分析結果を取り上げます。

　障害者雇用実態調査によると，従業員規模5人以上の事業所に雇用されている障害者数（推計値・重複カウントあり）は82万1,000人であり，このうち発達障害は3万9,000人となっています。身体障害42万3,000人，知的障害18万9,000人，精神障害20万人と比べると，雇用実績が多くはない状況があることがうかがえます。業種では，卸売業，小売業（53.8％）で最も多く雇用され，サービス業（15.3％），医療，福祉（11.6％）と続いていました。雇用形態は無期契約が53.0％（うち正社員21.7％），平均勤続年数は3年4か月となっています。

　二次分析結果によると，発達障害（重複カウントあり）は全体の12.9％であり，障害種はASDの診断を受けた者が圧倒的に多く7割近くを占めること，年齢層は20代以下が6割程度を占め若年層が多いことが報告されています。

このように，発達障害のある人の雇用状況は多様であり，本人・保護者の希望と，それに対する求人状況及び企業から求められる要件等を踏まえつつ，進路指導を行っていくことが必要です。

2．就職に向けた課題

(1) 仕事の内容と働き方

自分に合った仕事を考える場合，興味・関心がある仕事など「職種や仕事の内容」に関することがまず思い浮かぶかもしれません。しかし，「働き方」について考えることも重要です。例えば，「週に何日，何時間程度の労働に耐えることができそうか」「仕事にあたり配慮を必要とするかどうか」という視点が欠けていた場合，就職できたとしても，心身に負担が生じ，働き続けることができないことがあります。

一般的に，特別な配慮を得るためには，「合理的配慮」として企業に申し出るとともに，企業との対話を経て合意形成する必要があります。この際，「障害者雇用」の方が「一般雇用」に比べ，必要とする配慮が得られやすいと考えられます。障害者職業総合センター（2017）がハローワークに行った調査では，発達障害のある人の就職後1年時点の職場への定着率（専門援助部門紹介・新卒未反映）は，障害者求人では79.5％でしたが，一般求人では障害開示，非開示のケースともに33.3％でした。こうした結果は，必要とする配慮を得やすい環境では，働き続けられる可能性が高まることを示唆しています。

必要とする配慮を得る上では，障害者雇用の方が望ましいと考えられるケースがあるかもしれません。しかし，発達障害のある生徒にとって，障害者手帳を取得し，障害者雇用を選択することは大きな決断となります。そのため，情報提供を行う場合には，慎重かつ段階的な対応が求められます。また，地域によっては，障害者雇用の求人数が少なく，仕事の内容が限定される場合があることにも留意が必要です。

進路決定を行うのは「生徒本人」です。生徒が自分の進路希望と能力・適性を踏まえつつ、自分にとって無理のない、そしてよりよい進路を、納得感を持って決定することができるよう、生徒の気持ちに寄り添いながら支えていくことが大切です。

(2) 仕事理解と自己理解

　発達障害がある場合、自分に合った仕事の内容や働き方を考えることが難しい場合があります。生徒にとって働くことは未経験である上、障害特性も影響し具体的なイメージを持ちづらかったり、教員にとっても生徒の特性がどのように職業生活に影響するか予測しづらかったりする状況があります。こうした中、就業体験活動の機会を設け、生徒が体験的に仕事に対する具体的イメージや自分の適性、必要とする配慮等について理解を深めたり、教員がその観察を通じて、生徒理解を深めていったりすることが重要です。

　また、実習の前段階として、作業や対人コミュニケーションに関する体験的な学習を設定することも有効です。以下は、就労支援を行う機関を利用した発達障害のある方の体験談となりますが、様々な体験と実習、その後の個別面談を通して自己理解が深まっている様子がうかがえます。こうした学びの工夫は、特別支援学校でも「作業学習」や「産業現場等における実習」等で行われており、高等学校でも参考とすることが望まれます。

就労支援機関でのプログラム受講についての体験談
○受講するうちに「色々な体験を積む中で，自分の特徴や就職に向けての課題を整理する」ことが目的だと理解できました。
○プログラムは，就労セミナー，作業，個別相談の３つがありました。就労セミナーの職場対人技能トレーニングでは，報告や質問等の職場で必要なコミュニケーションについて，自分自身がロールプレイをしたり，同じ障害のある方との意見交換をしたりしました。その中で，自分と他の人との特徴や考え方の違い，自分では気づかなかったコミュニケーションのくせ，その時々の場面によって相手の受け止め方が異なること等を理解することができました。
○私は，どのように就職活動を進めたらよいか，自分に合った仕事は何か，何ができるのか等が分からず悩んでいたんですが，プログラムの作業や職場実習での体験，カウンセラーの方との個別相談の中で，それらを少しずつ整理することができました。

＊障害者職業総合センター（2008）「就職支援ガイドブック…発達障害のあるあなたに…」より一部抜粋。

3．就職後に生じうる課題

　発達障害等のある生徒の場合，就職後に度重なる失敗や挫折経験を経て就労支援を行う機関の利用につながることがあります。こうした過程を経て支援機関につながり，初めて自分の障害特性と向き合うこととなる場合，心理的負荷が大きく，メンタルヘルス不全につながりやすい状況となります。

　では，具体的にどのような困難が生じる可能性があるのでしょうか。以下に一例を紹介します。

作業遂行面

○複数の作業指示を同時に行うと混乱してしまう
○ゆっくり丁寧に教えてもらえないと,分からない
○メモを取れない,メモを参照できない
○作業手順がうまく段取りできず,作業を始めることができない
○手順が多いと手順が抜けてしまう
○自分のやり方に固執して指示に従えない
○不器用なため,手先の細かな作業を含む工程では遂行に困難が生じる
○言われたことを守って作業をすると,丁寧すぎて作業が遅い
○スケジュール管理が苦手で,締め切りに間に合わない など

対人コミュニケーション面

○緊張して質問できない
○相手の状況を考えずに,長々と確認してしまう
○報告の仕方,タイミングなどを伝えると定期的な報告はできるが,イレギュラーな事態は報告できない
○スタッフミーティングなど,1対多の会話は難しい
○相手が作業中であっても,自分の用件のことで頭がいっぱいになり,急に話しかけてしまう
○社内の業務連絡や新たな作業指示を受け取る際に,言外の意図がくみ取れなかったり,表面的な理解に留まって勘違いをしていたり,些細なことで誤解をしている など

第1章　発達障害等のある生徒の進路指導に関する現状と課題　023

生活面

○ 興味ある活動や固執する活動に影響され，不規則な生活になる
○ 睡眠がとれない（気になること，不安なことがあるとなかなか寝付けない）
○ 身だしなみを整えることができない（ひげの剃り残しが多いなど）
○ 寒くなっても，薄着のままでいるなど，季節に合わせた適切な衣服の選択ができない
○ ストレスを抱えていることが自覚できず，胃痛・頭痛・体の重さ・思考停止等の体調不良が生じてしまう

など

＊障害者職業総合センター（2015）「発達障害者就労支援レファレンスブック（課題と対応例）」を参考として作成。

　このような困難さは，学校段階から生じている場合があります。授業時の指示理解や課題遂行の様子，クラスでの他者との関わりの様子など，留意して観察できるとよいでしょう。また，生活面については，家庭との連携を通して情報を得ることが望まれます。さらに，就業体験活動や作業，対人コミュニケーションに関する体験的な学習の機会を設定できれば，より深い生徒理解につながることが期待されます。様々な機会を通して生徒に目を向けることで，生徒の課題のみならず，よいところや，できているところにも気付くことができるでしょう。

　指導・支援にあたっては，まず，生徒のよいところ，できているところを言葉で具体的に伝えていく（認める，褒める）ことが大切です。その上で，課題に対し，今後どのような力を身に付けていけるとよいか，企業にどんな配慮を求められるとよいか等

を，段階的に考えていくことができるとよいでしょう。

　なお，企業における合理的配慮については，厚生労働省の「合理的配慮指針事例集【第五版】」に例示されていますので，参考にできるとよいでしょう（詳細は「資料Ⅰ」参照）。

4．進路指導に対する企業の期待

　最後に，企業からは，高等学校に対しどのような期待が寄せられているのでしょうか。以下に，我々が実施した調査結果の一部をまとめました。こうした取組を生徒及び保護者と調整の上，進めていくことが望まれます。

Q 高等学校への進路指導の期待は？

A 生徒の特性を踏まえた指導・支援とその情報共有

〇どのような障害を持っているのか，そのことでどのようなことが困難なのか，事前に知らせていただくとともに，発達障害の方に活躍してもらうために企業が理解し，援助する方法等を具体的に相談，指導してほしいです。【卸売業・小売業（500〜999人）】

〇その人に向いている仕事は必ずあると思うので，その仕事を見つけるために，多くの企業と密に情報交換ができるとよいと思います。【卸売業・小売業（300〜499人）】

A 生徒の特性と仕事のマッチングに関する指導

〇できることを伸ばし，業務に生かせる職を選択してほしいです【医療・福祉（45〜99人）】

○障害の程度に応じた就業可能な適正職種への理解と生徒への案内をしてほしいです。【建設業（45～99人）】
○苦手分野ではなく，その子の得意な分野を生かせる業界や企業を紹介してほしいです。【製造業（100～299人）】

A 仕事に必要な基本的スキル・マナーの向上に関する指導

○ビジネスマナーの基本的な部分を教えてもらいたいです。【医療・福祉（45～99人）】
○作業遂行に関する力を高める指導をしてほしいです。【卸売業・小売業（100～299人）】
○コミュニケーションの取り方についてはロールプレイング等が必要ではないかと思います。【サービス業（他に分類されないもの）（100～299人）】

Q 企業への情報の引継ぎの期待は？

A 生徒の特性や支援方法等の情報共有

○何ができるのか，高等学校ではどうだったかなどを共有してほしいです。【生活関連サービス業・娯楽業（100～299人）】
○本人の障害について詳しい説明，及び対応についてのアドバイスをしてほしいです。【製造業（45～99人）】
○個性の詳細，接する際の注意点，長所，短所や，就学時の具体的なエピソードについて共有してほしいです。【医療・福祉（100～299人）】

第3節 まとめ

　第1章では，進学先と就職先における現状と課題，また，適応困難を軽減するために，高等学校段階で期待される指導や支援の内容を解説しました。
　進学を希望する生徒の中には，希望する大学や学部の情報を収集できなかったり，自分に合った進路先が選択できなかったりすることで，学生生活のイメージができず，授業に参加できなかったり，単位を落としてしまったりすることがあります。中には，適応困難につながることも出てきます。また，就職を希望する生徒の中には，仕事の内容や働き方をイメージすることができず，自立して生活することができなかったり，求められている仕事ができず叱責を受けたり，対人コミュニケーションで難しさを経験したりすることがあります。どちらも，進学，就職前までの自己理解が不十分であったり，偏りがあったりすることが，不適応の状態を生じさせる大きな要因となっています。社会に出るために必要な自己理解は，「得意なことや不得意なこと，それを補うために必要な支援が何か」を知ることです。こうした理解を小学校段階から少しずつ段階的に深めていくことで，進路先で自分に必要な支援を求めることが可能になります。そのため，進路先となる大学からは，自己理解を促す指導，大学のカリキュラム等を知るための情報提供，大学で学ぶ内容（学部・学科）と生徒の特性とのマッチング，就労先になる企業からは，生徒の特性に関する情報の提供，生徒の特性と仕事内容とのマッチング，仕事に必要な基本的なスキル・マナーに関する指導などが高等学校の進路指導に求められています。生徒が進路先でいち早く必要な支援を受けるためには，高等学校で行ってきた支援の内容を進路先に伝えることも大切です。口頭での情報提供も必要ですが，個別の教育支援計画などの文書を引き継いでいくことも望まれています。進路先への情報提供の同意を得るためにも，自己理解を促すことは必要です。

COLUMN ①
進学先での適応を見据え，高等学校段階で必要な取組とは？

　高等学校は，自立に向けた準備期間を提供することができる重要な教育機関です。自立に向けた力が十分に育まれていない場合，進学先となる大学等での学生生活にあたり困難が生じることが懸念されます。こうした中，高等学校段階ではどのような取組が必要となるのでしょうか。

　我々は，大学に対して調査を行い，「学生生活での自立及びキャリア形成」の視点から，発達障害等のある学生に生じやすい困難を把握しました。任意の発達障害等のある学生1名について，29項目の困難像があてはまるか尋ねたところ，7割以上があてはまると回答した項目は16項目に及んでいました。

　以下に示した「心理面」「対人コミュニケーション」「実行性」の困難は，高等学校生活でも生じている可能性があります。高等学校では，こうした困難について実態把握を行うとともに，大学での困難の予防・軽減を見据え，生徒に必要な力を育んだり，学生生活の安定につながる合理的配慮を求めていく力を育んでいったりすることが必要です。

● 心理面の困難

「メンタルの安定やストレスの解消方法を身に付けることが難しい」
（87.7%）

「他者とストレスなく過ごすことが難しい」
（83.8%）

「自分の特性を理解し概ね適切な自己評価をすることが難しい」
（81.1%）

「自分のキャリア形成について選択・決定することが難しい」
（73.1%）

● 対人コミュニケーションの困難

「人間関係を築き，チームで活動することが難しい」

(86.0%)

「自分の意志や考えを伝えることが難しい」
(84.3%)

「相手の意図を正しく理解することが難しい」
(84.3%)

「他者に協力を求めたり働きかけたりすることが難しい」
(81.2%)

● **実行性の困難**

「計画的に行動することが難しい」
(85.4%)

「臨機応変に対応することが難しい」
(81.7%)

「期待された通り作業や課題に取り組むことが難しい」
(79.6%)

「順序だてて作業や課題に取り組むことが難しい」
(78.5%)

「指定された時間内に作業や課題を終えることが難しい」
(76.9%)

「基本的な自己管理（日常生活や大学生活上の管理）をすることが難しい」
(75.0%)

「物事の本質や原因を理解した上で課題に取り組むことが難しい」
(74.1%)

「新たな発想を実現させるための方法を考え，取り組むことが難しい」
(71.5%)

＊発達障害等のある学生の在学実績のある大学（有効回答数：184〜186）の回答

COLUMN ②
就職先での適応を見据え，高等学校段階で必要な取組とは？

　高等学校は，自立に向けた準備期間を提供することができる重要な教育機関です。自立に向けた力が十分に育まれていない場合，就職先となる企業等での職業生活にあたり困難が生じることが懸念されます。大学等に進学した場合も，いつかは就職の問題に直面することが考えられます。こうした中，高等学校段階ではどのような取組が必要となるのでしょうか。

　我々は，大学のほか，企業に対しても調査を行い，「職業生活での自立及びキャリア形成」の視点から，発達障害等のある社員に生じやすい困難を把握しました。任意の発達障害のある社員１名について，29項目の困難像（大学と共通の視点から作成）があてはまるか尋ねたところ，７割以上の企業があてはまると回答した項目は７項目見られました。

　特筆すべきは，「大学と比べると，あてはまる項目数が少ない」という点です。教育機関である大学に対し，企業は営利団体であり，適応の困難度が高い場合，そもそも就労につながりにくい，といった状況を反映している可能性があります。

　以下に示した「心理面」「対人コミュニケーション」「実行性」の困難は，高等学校生活でも生じている可能性があります。高等学校では，こうした困難について実態把握を行うとともに，企業での困難の予防・軽減を見据え，生徒に必要な力を育んだり，職業生活の安定につながる合理的配慮を求められる力を育んでいったりすることが必要です。

　なお，ほとんどが大学において７割以上の困難があると指摘されていた項目であり，進路先での適応に向けて重要となる力は，進学・就職にかかわらず，共通性も見出されます。こうした中，生徒が進学希望の場合も，進学先卒業後の就職を見据えつつ，特に優先して取り組んでいけるとよい指導・支援内容を検討していくことができるとよいでしょう。

● **心理面の困難**

「他者とストレスなく過ごすことが難しい」
(78.0％)

「メンタルの安定やストレスの解消方法を身に付けることが難しい」
(71.1％)

● **対人コミュニケーションの困難**

「相手の意図を正しく理解することが難しい」
(74.6％)

「自分の意志や考えを伝えることが難しい」
(71.3％)

「人間関係を築き，チームで活動することが難しい」
(71.2％)

● **実行性の困難**

「臨機応変に対応することが難しい」
(88.1％)

「主体的に行動することが難しい」
(71.3％)

＊発達障害のある社員の雇用実績のある企業（有効回答数：58〜59）の回答

第 2 章
発達障害等のある生徒への進路指導の充実に向けて

組織で
どのように対応して
いけばいいの？

自己理解ができて
いないように見える場合，
どう対応したらいいの？

　発達障害等のある生徒の進路指導では，卒業後の進路先での適応や進歩・向上を見据えながら，生徒の進路希望や能力・適性を踏まえた助言や情報提供を適切に行うことが大切です。こうした指導・支援にあたり，どのような点に留意できるとよいでしょうか。
　本章では，巻末に示した文献や，我々が実施した一連の調査の結果をもとに見出した，発達障害等のある生徒に対する進路指導の充実に向けたヒントを「5つのポイント」として解説します。その後，5つのポイントについて理解を深めるために，インタビュー調査で集めた事例を紹介します。事例の中に記した括弧書きは，各ポイントで示されたヒントです。なお，紹介する事例は，個人情報保護の観点から適宜修正しています。

指導・支援に向けた 5 つのポイント

- 組織的対応
- 自己理解を促す指導・支援
- 自立と社会参加への力を育む指導・支援
- 進路先決定を支える指導・支援
- 連携による支援

第1節 進路指導の充実に向けた5つのポイント

1．組織的対応

(1) 組織的対応の重要性

　進路指導を進める上で，まず重要となるのが組織的対応です。

① 学校における組織的対応とは

　学校は，各教科・科目の指導に限らず，様々な経験や知識，スキル等の教育に関する専門性を持つ教職員等が働く組織です。さらにスクールカウンセラーやスクールソーシャルワーカーなど，福祉や心理等の教育以外の専門家も共に働いています。

　また，教育基本法や学校教育法に基づき，生徒や学校・地域の実態に即して，各学校で育成を目指す資質・能力を明確にしたり，教育目標を設定したりしています。さらに，学習指導要領を基準に教育課程を編成し，教育活動を実践しています。

　所属するすべての教職員は，教育の目的や目指す方向性を共有し，その上でそれぞれの専門性や強みを生かしながら役割を果たすことが重要です。多様な専門性や経験を持つ教職員が個別に教育活動に取り組むのではなく，それぞれの役割や立場に応じて組織として教育活動に取り組むことで，生徒の教育活動を充実させることが期待できます。また教職員個々の専門性を十分発揮するためにも，1つの組織として有効に機能することが必要です。

　例えば，学習指導要領においては，カリキュラム・マネジメントの視点はもちろんのこと，学習評価，特別な配慮を必要とする生徒への指導，言語能力の育成，道徳教育，キャリア教育等でも，学校として組織的に取り組むことの必要性が示されています。また，第4期教育振興基本計画においても，

学校安全の推進，いじめ等への対応，外国につながる子どもへの対応等の現代的な諸課題に対して，学校は組織的に対応することとされています。

学校教育全体の充実を目指す上でも，教職員個々の強みを生かす点においても，学校が1つの組織として機能することが大切です。これは進路指導に限らず，すべての教育活動に共通する重要な視点です。

中央教育審議会答申「チームとしての学校の在り方と今後の改善方策について」においても，学校が1つのチームとして組織的に機能することの重要性が示されています（図1）。

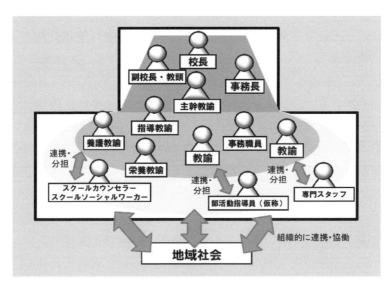

図1　チームとしての学校（イメージ）
出典　文部科学省（2015）チームとしての学校の在り方と今後の改善方策について（答申）
＊「『チームとしての学校』像（イメージ図）」より一部抜粋

② 進路指導における組織的対応

進路指導は，生徒の将来にわたる人としての在り方や生き方に関わる教育活動です。教員が，教育者としての専門性や，自らの経験，知識を生かして進路指導を行うことで，生徒はより広い視野で自分の将来を見通したり，自

分の適性や興味・関心に合った進路を選択したりすることにつながります。
　そのため、進路指導においては、一人または特定の教員のみでなく、様々な立場や役割の教員が組織的に指導に関わったほうが、より幅広く知識を得ることにつながります。それは、生徒が複数の大人の生き方を参考に将来について模索できるということだけではなく、個々の教職員が有する知識・技術や経験に基づいた進路指導を受けることにつながるからです。生徒への直接的な指導を担当する学級担任、学校・学年全体の進路指導を立案・計画する進路指導主事やキャリア教育担当教員、関係機関との連携を担う特別支援教育コーディネーター等、様々な立場や役割の教職員が、それぞれ担っている役割に応じて必要なタイミングで適切に関わることが重要です。
　また、進路指導では、家庭や関係機関といった外部との連携も重要です（詳細は「5．連携による支援」参照）。外部との連携においても組織的に対応することが必要となります。例えば、保護者への連絡は学級担任が窓口になることが多いと思います。しかし、学級担任と保護者との関係性などを考慮した上で、学級担任でないほうが円滑に進んだり効果的であったりする場合は、進路指導主事等が連絡を取ることもあります。また、進路指導を進める上でどのような機関と連携が必要になるのかは、生徒の状況や希望する進路等によって異なります。福祉、労働、医療等、複数の関係機関と連絡・調整を行うこともあります。すべての外部機関との連携を学級担任一人で担うことは、個人の負担や効率などの観点から望ましいとは言えません。役割を適切に分担し連携することで、効果的・効率的な進路指導につながります。

(2) 組織的対応に向けたヒント

　組織的対応に向けては、次の点が重要です。

● 目指す方向性の共有

　教職員一人一人の歩んできた人生や経験してきたキャリアは、皆違います。それぞれの生徒に応じた進路指導を実践する上で、教職員個々の在り方や生

き方・価値観の違いは，効果的に働くことも多々あります。しかし，組織的に進路指導を行うためには，すべての教職員が目指すべき方向性について共有していることが大切です。教職員一人一人に異なる考え方や価値観があったとしても，組織として機能するためには，目指す方向性を共有していなければなりません。

　教職員が進路指導において一定の方向性を共有するためには，各学校の教育目標や育成を目指す資質・能力についての共通理解から始まります。高等学校における教育活動は，学習指導要領を基準としながらも，学校長が学校ごとに設定した教育目標の達成を目指して行われます。もちろん進路指導も各学校の教育目標達成を目指して行われる教育活動の1つです。人間としての在り方，生き方に関する進路指導だからこそ，指導方法について教職員間で意見が分かれることがあります。そのとき，各学校で設定した教育目標や育成を目指す資質・能力が道標となります。各学校で掲げる教育目標や育成を目指す資質・能力を前提とすることで，様々な考え方や価値観を持つ教職員が，同じ方向を向きながらそれぞれの専門性や経験を生かした進路指導を展開することができます。

● 役割・責任の明確化

　目指すべき方向性が統一されていても，誰が何を担うのかが明確でなければ，教職員の持つ専門性や強みは十分に発揮されないでしょう。各業務の責任の範囲を明確にすること，それぞれの教職員が担うべき役割を明確にすることにより，それぞれが責任を持って業務に取り組むことができ，効果的かつ効率的に進路指導を進めることが可能となります。「いつ」「誰が」「どのような業務を行うのか」「どのような場合に誰が何をするのか」等，3年間を見通した計画的・系統的な校内支援体制を構築しましょう。また，役割を固定化しすぎることで組織としての柔軟性が失われることも起こり得ますので，状況に応じて見直すことも必要です。

　学級担任，進路指導主事，特別支援教育コーディネーター，キャリア教育

担当教員，養護教諭，就職支援教員等に加え，スクールカウンセラーやスクールソーシャルワーカーなどの専門スタッフも含めて，各学校での立場・役職に応じて役割や責任を明確にし，業務を適切に分担し，組織的な進路指導を実現しましょう。

● **特別支援教育の浸透**

「障害特性による困難さ」についての知識が不足していたり，合理的配慮に対する理解が足りていなかったりすることで，本来，提供しなくてはならない支援に結び付かないことがあります。これは進路指導の場面においても同様です。教員経験の期間に関わりなく，障害に対する理解や知識，提供できる支援や指導はそれぞれです。一方，特別支援学校や特別支援学級，通級による指導を担当した経験がある者，特別支援学校の教員免許を保有している者については，障害のある生徒への指導・支援について一定の知識やスキルを有していると思われます。そこで，組織的に対応することで，こうした各教職員の経験や知識，理解をもって補完することが可能となります。

しかし，組織的に進路指導を行うためには，すべての教職員が障害の特性に関する理解と指導方法を工夫できる力，合理的配慮に対する理解等，特別支援教育に関する知識を身に付けていくことが望まれます。そのために，障害について理解を深めたり，障害特性に応じた指導・支援方法を身に付けたり，合理的配慮の具体的内容を知ったりする等，特別支援教育に関する知識を得られる機会を設けていくことが重要です。

2．自己理解を促す指導・支援

(1) 自己理解の重要性

進路指導を進める上では，小学校からのキャリア教育が土台となります。その上で，高等学校入学時からのキャリア教育の充実と，その過程における自己理解の指導・支援が重要となります。

① 進路指導と自己理解

　高等学校学習指導要領解説総則編（平成30年告示）では，キャリア教育を基盤とした進路指導の重要性が示されています。また，以下のように，生徒の適切な自己実現を支えるために，進路指導にあたり，自己理解を支える指導・支援を行うことの重要性が示されています。

> 生徒が自己理解を深めるとともに，自己と社会との関わりについて深く考え，将来の在り方生き方，進路を選択決定して，将来の生活において望ましい自己実現ができるよう指導・援助を行う進路指導が必要である。

　では，生徒が進路を選択・決定する上で，どのように自己理解を深めていくことが重要となるのでしょうか。また，それをどのように支えていくことができるのでしょうか。
　自己理解は，様々な教育活動においてその重要性が指摘されています。以下では，そのいくつかの視点について取り上げます。

● キャリア教育の視点から

　キャリア教育では，育成を目指す基礎的・汎用的能力（詳細は「３．自立と社会参加への力を育む指導・支援」参照）の１つとして，「自己理解・自己管理能力」があげられています。この能力の説明は以下の通りです（中央教育審議会，2011）。

> この能力は自分が「できること」「意義を感じること」「したいこと」について，社会との相互関係を保ちつつ，今後の自分自身の可能性を含めた肯定的な理解に基づき主体的に行動すると同時に，自らの思考や感情を律し，かつ，今後の成長のために進んで学ぼうとする力である。

生徒が，自分について「できること」のほか，「意義を感じること」や「したいこと」等の自分が大切にしたい価値観に気付き，それを社会の中でどう実現していくか，自分の可能性を見据えながら肯定的に理解していくことの重要性が分かります。

　こうした自分に対する気付きは，小学校段階から段階的に深めていくことが望まれます。その上で，高等学校入学時から，日々の授業や教員との対話，部活動，家庭生活等を通じて，多角的に深めていくことが重要となります。そのために教員は，令和2（2020）年4月から導入されたキャリア・パスポート[注1]の活用を通じ，生徒の価値観やよい点，がんばっていること等を把握し，生徒の肯定的な自己理解を支える言葉かけや助言を行っていくことが大切です。

● **生徒指導の視点から**

　生徒指導提要改訂版（文部科学省，2022）においても，生徒指導がその目的を達成する上で，生徒の自己理解を支えることの重要性が示されています。

> 〈生徒指導とは〉
> 児童生徒一人一人の個性の発見とよさや可能性の伸長と社会的資質・能力の発達を支えると同時に，自己の幸福追求と社会に受け入れられる自己実現を支えることを目的とする。

[注1] 児童生徒が，小学校から高等学校までのキャリア教育に関わる諸活動について，特別活動の学級活動及びホームルーム活動を中心として，各教科等と往還し，自らの学習状況やキャリア形成を見通したり振り返ったりしながら，自身の変容や成長を自己評価できるよう工夫されたポートフォリオのこと。障害のある児童生徒への指導上の留意事項についても説明されているため，確認されたい。

> 〈生徒指導と自己理解〉
> 生徒が，深い自己理解に基づき，「何をしたいのか」，「何をするべきか」，主体的に問題や課題を発見し，自己の目標を選択・設定して，この目標の達成のため，自発的，自律的，かつ，他者の主体性を尊重しながら，自らの行動を決断し，実行する力，すなわち，「自己指導能力」を獲得することが目指される。

　生徒が自分の個性やよさ，可能性を踏まえながら，「何をしたいか」「何をすればよいか」，自分について社会との関わりを見据えた上で理解し，目標設定していく過程はまさにキャリア教育と通じるものがあります。生徒指導提要においても，生徒指導とキャリア教育の相互作用を理解し，一体となった取組を行うことの重要性が述べられています。

　学校社会の中で認められ，大切にされる経験が，他者への信頼感や自己への信頼感を育み，社会に貢献しながら，自分もよりよく生きるために自分が果たすべき役割を考える一歩となります。そのために教員は，生徒のよいところを積極的に見つけ，言葉かけ等を通じて具体的にフィードバックしていくことが大切です。

● 通級による指導（自立活動）の視点から
　高等学校では，通級による指導を受けている生徒もいます。通級による指導は，6区分27項目から構成される自立活動の内容を参考として行われています（「本書における用語の定義」「COLUMN ④」参照）。自立活動の項目には，以下のように自己理解に関する内容も見られます。

> 〈1 健康の保持〉
> 「(4)障害の特性の理解と生活環境の調整に関すること」
> 自己の障害にどのような特性があるのか理解し，それらが及ぼす学習上

又は生活上の困難についての理解を深め，その状況に応じて，自己の行動や感情を調整したり，他者に対して主体的に働きかけたりして，より学習や生活をしやすい環境にしていくことを意味している。

〈3 人間関係の形成〉
「(3)自己の理解と行動の調整に関すること」
自分の得意なことや不得意なこと，自分の行動の特徴などを理解し，集団の中で状況に応じた行動ができるようになることを意味している。

〈4 環境の把握〉
「(2)感覚や認知の特性についての理解と対応に関すること」
障害のある幼児児童生徒一人一人の感覚や認知の特性を踏まえ，自分に入ってくる情報を適切に処理できるようにするとともに，特に自己の感覚の過敏さや認知の偏りなどの特性について理解し，適切に対応できるようにすること。

　自己理解は，障害の有無にかかわらず重要なものですが，障害のある生徒の場合，自分の気持ちを整理したり，自分の言動を客観的に捉えたり，また，障害特性から生じる種々の困難への対応を考えたりすることが困難なことがあります。このような場合，通級による指導を通じ，障害特性から生じる困難の主体的な改善・克服につながる形で自己理解の指導・支援を進めたり，学校において，自立活動の視点を参考としながら，より丁寧に自己理解に関する指導・支援を進めていったりすることが望まれます。自立活動の視点を参考とした指導・支援にあたっては，地域の特別支援学校と連携してノウハウを得られるとよいでしょう。

② **自己理解とは**
　ここまで，自己理解についていくつかの視点を取り上げました。自己理解

は,「現実や課題を理解する」という文脈で用いられることもあります。しかし,肯定的な自己理解が何よりも重要となること,また,自己理解には多様な視点があることが分かります。本書では,自己理解を「自分についての理解を深めていく過程」として捉え,以下のような多様な自己理解が重要となることを述べておきます。生徒の入学後,教員が少しずつ生徒理解を深める過程の中で,生徒の自己理解を段階的に支えていくことが望まれます。

- 自分の価値観・願い（夢や目標〔なりたい自分の姿〕,意義を感じること,大切にしたいこと,やってみたいこと,好き・嫌い等）への気付き
- 自分の性格・特性（ある種のタイプ,長所・短所,障害特性等）への気付き
- 自分の能力（得意・不得意,障害による困難,不得意なことや障害による困難への対応方法〔自分で工夫し対応,合理的配慮を依頼し対応〕等）への気付き
- 自分の変容・成長への気付き（自己評価） 　　　　　　　など

---

(2) 自己理解を支える上でのヒント
① 大切にしたい視点

自己理解に関する指導・支援に向けては,次の点が重要となります。

● **支援に向けた実態把握**

生徒の自己理解を支える上では,教員の生徒理解が重要です。学校生活において,生徒ができていること,得意なこと,興味の持てること,集中が続く作業や場面等を把握するとともに,苦手なことについては,本人がしていた対処,教員がしていた対処等について整理しておきましょう。こうした理解は進路先に合理的配慮を申請する上でも重要です。

第2章　発達障害等のある生徒への進路指導の充実に向けて　043

また，自己理解に関する指導・支援にあたっては，生徒の「こうなりたい」という願いが出発点となります。日々の学校生活で生徒の気持ちを聞き取るほか，個別相談の機会を設定し，生徒とじっくりと向き合う中で，生徒の希望・願いをより深く聞き取っていけるとよいでしょう。

● **よい点のフィードバック（認める・褒める）の重要性**
　自己理解に関する指導・支援にあたっては，課題となるところの改善に目が向きがちですが，自信や自己肯定感なくして自分の課題に向き合うことはできません。発達障害等がある場合，失敗経験の積み重ねから自信をなくしていたり，自分のよさに気が付いていなかったりする生徒もいるので，よい点については，「〇〇がよくできているね」「〇〇していてがんばっているね」など，言葉で具体的に伝えていくことが大切です。

● **苦手なことへの対処方法や必要とする配慮の検討**
　進路選択にあたっては，自分が苦手なことを理解し，向かい合うことも必要となります。ただし，苦手なことを理解するだけでは，自己肯定感の低下や学習意欲の低下につながることが懸念されます。指導・支援にあたっては，苦手と見受けられることに対し，「例えば，〇〇してみる方法もあるよ？」「〇〇よりも，〇〇のほうがやりやすいように見えるけど，どうかな？」等の声かけを通じて，「こうすればうまくいく」「ここは難しいから，周囲に配慮を求める」など，苦手なことへの対応方法と併せて理解を深めていくことが重要です。

● **体験的な学習の設定とその振り返り**
　発達障害等がある場合，働くことや仕事のイメージの持ちづらさから，働く上での自分の得意・不得意を把握しにくいことがあります（詳細は「第Ⅰ

章第2節　就職の場合」参照)。そのため，ロールプレイ(実際の場面を想定した疑似場面を設定し，その中で役割を演じることでスキルを身に付ける方法)や，作業体験，就業体験等を通じて，体験的に自分についての理解を深めていくことが望まれます。

　また，発達障害等がある場合，学校生活での学びを体系化し，振り返ることが難しいことがあります。このような場合，個別相談の機会を設定し，様々な場面を一緒に振り返り，内容を整理したり，生徒にとっての意味を考えさせたりする取組が有効です。こうした取組を通じ，「生徒が意義を感じること／したいこと」「できること」「環境上考慮すべきこと」等を一緒に考え，進路選択に向けた準備につなげていくことが重要です(進路決定については，「4．進路先決定を支える指導・支援」で解説)。

　自己理解は，生徒が自分に必要な力を身に付けていく上でも，自分に必要な合理的配慮を申し出る上でも，自分にとってよりよい，また無理のない進路選択を進める上でも重要です。自己理解の多様な側面を理解し，生徒の自己実現を支える指導・支援を進めていくことが重要です。

② 調査結果から

　自己理解を促す指導・支援について，様々な実践が進められています。以下に，我々が実施した調査結果の一部をまとめました。生徒及び保護者と調整の上，各学校で工夫して進めていけるとよいでしょう。

> **自己についての多面的理解を深める指導**
> ○よいところ，できること・できないことを確認しながら，希望とのギャップを認識することができた。【定時制・普通科・通級設置校】
> ○自己の特性について理解不十分だったため，本人や保護者と面接を重ね，

第2章　発達障害等のある生徒への進路指導の充実に向けて　045

特性の理解と自分なりの対処方法について長期的展望を共有した。【全日制・普通科】
○自己理解のため，他者から見た自分に気付かせる授業を行った。【定時制・専門学科】

生徒の希望や特性に寄り添った進路指導

○生徒は学習面において座学で一定時間内に多くの作業を同時にすることや書字が苦手な状況にあったため，将来は身体を動かし，手に職をつける仕事に従事できることを目的に進学先の決定について助言をした。【全日制・普通科】
○自分が納得できる進路選択ができるように，話し合いの機会を多く持った。【全日制・専門学科／総合学科・通級設置校】

通級による指導

○１人暮らしが必要な進路先であったため，生活が１人でできることをまず目標に通級やキャリア教育等で支援した。【全日制・総合学科】
○通級による指導で，自分に合った職業について知ることを目的に，職業について調べる学習を行った。【定時制・普通科・通級設置校】

体験・実習を通じた指導・支援

○生徒が希望進路・職業への適性を理解するために，職業調べやインターンシップ等を行った。【全日制・普通科】
○一般就労を希望していたが，作業遂行に関する力やコミュニケーション力，基本的な生活力，自己理解等が十分ではない状況であったため，自己理解を促し，職業能力と生活力の向上を目指して，就労継続支援Ａ型事業所及び就労継続支援Ｂ型事業所でのインターンシップ，宿泊型自立訓練事業所での宿泊体験を行った。【全日制・普通科・通級設置校】

○一般企業への就職を希望していたが，自己理解がなされていないため，市の教育相談員を含めた三者面談を続けた。障害特性に理解のある地域の企業を紹介してもらい，インターンシップを行い，マッチングを行った。【全日制・専門学科】

3．自立と社会参加への力を育む指導・支援

(1) 自立と社会参加に必要な力を育む重要性

　進路の選択肢を拡大するには，小学校段階から高等学校段階にかけて，少しずつ自立と社会参加に向けた力を段階的に育んでいくことが重要となります。

① 社会的・職業的自立に向けて基盤となる能力や態度

　社会の中で，よりよく生きていくためにはどのような力が重要となるのでしょうか。中央教育審議会（2011）は，分野や職種にかかわらず，社会的・職業的に自立するために必要な基盤となる能力として，以下の４つの能力から構成される「基礎的・汎用的能力」をあげています。

〈人間関係形成・社会形成能力〉
多様な他者の考えや立場を理解し，相手の意見を聴いて自分の考えを正確に伝えることができるとともに，自分の置かれている状況を受け止め，役割を果たしつつ他者と協力・協働して社会に参画し，今後の社会を積極的に形成することができる力。

〈自己理解・自己管理能力〉
自分が「できること」「意義を感じること」「したいこと」について，社会との相互関係を保ちつつ，今後の自分自身の可能性を含めた肯定的な

理解に基づき主体的に行動すると同時に，自らの思考や感情を律し，かつ，今後の成長のために進んで学ぼうとする力。

〈課題対応能力〉
仕事をする上での様々な課題を発見・分析し，適切な計画を立ててその課題を処理し，解決することができる力。

〈キャリアプランニング能力〉
「働くこと」の意義を理解し，自らが果たすべき様々な立場や役割との関連を踏まえて「働くこと」を位置付け，多様な生き方に関する様々な情報を適切に取捨選択・活用しながら，自ら主体的に判断してキャリアを形成していく力。

　基礎的・汎用的能力は，生徒の将来の自己実現に向けた可能性を広げていく上で重要なものです。例えば，社会の中で自分の役割を果たすためには，「多様な他者と望ましい人間関係を築き，他者と協力・協働していく力」や「所属先で自分の役割を理解し，自分の力を生かして貢献していく力」などが重要となるでしょうし，自己実現のためには，「自分ができること・意義を感じることなどを理解し，主体的に行動できる力」などが重要となるでしょう。ただし，基礎的・汎用的能力の育成にあたっては，4つの能力をすべての生徒が同じ程度あるいは均一に身に付ける必要はありません。また，学校や地域の特色，生徒の発達段階等によっても取組の在り方は変わってくると考えられます。各学校では，自校に応じた形で課題を設定し，キャリア教育の実践を工夫して取り組んでいくことが望まれます。
　なお，社会的・職業的自立を支える力は，基礎的・汎用的能力だけではありません。中央教育審議会（2011）は，「基礎的な知識・技能，論理的思考力・創造力，意欲・態度，勤労観・職業観等の価値観，専門的な知識・技能」の必要性も示しています。学校での教科学習も通じて，必要とされる能

力・態度等をバランスよく育んでいくことが重要です。

② 卒業後に直面しうる離職等のリスクへの対応

　発達障害等がある場合，目に見えない知識に気付くことが難しかったり，知識を体系的に整理し全体像を把握することが難しかったりし，自立と社会参加に向けて必要となる学びを自然な形では学びにくいことがあります。その結果，働くことのイメージを持ちづらかったり，作業遂行面，対人コミュニケーション面，生活面のスキルを習得しづらかったりすることがあります。そのため，学校では分かりやすい学びを提供することが大切です。このような学びは就職希望の場合はもちろん，進学希望の場合にも重要です（詳細は「第1章第2節就職の場合」参照）。

　卒業後の離職等のリスクへの対応に向けて参考となるのが，「職業準備性のピラミッド」の考え方です。職業準備性とは，「個人の側に職業生活を始める（再開も含む）ために必要な条件が用意されている状態」を言います。図2を見ると，生活面の力が職業生活を支える土台となっており，就職時に目が向きがちな職業適性は頂点に配置されています。

　いくら仕事の能力があったとしても，生活リズムの乱れから遅刻が続いたり，ストレスマネジメントの難しさから情緒が安定せず，欠勤したり，対人関係に影響が生じたりする場合，就労継続ができなくなる恐れがあることに留意が必要です。

　職業準備性について必要な力を育んだり，合理的配慮の必要性について検討したりするためには，家庭との連携が不可欠です。指導・支援や家庭との連携に向けては，特別支援学校や関係機関と連携しノウハウを得ていけるとよいでしょう。

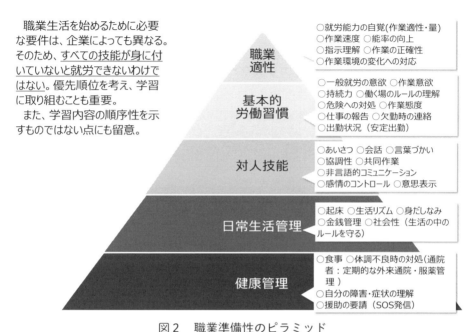

図2　職業準備性のピラミッド
＊障害者職業総合センター（2023）「令和5年度版就業支援ハンドブック」を参考として作成

(2) 自立と社会参加を支える上でのヒント
① 大切にしたい視点

自立と社会参加に関する指導・支援では、次の点が重要です。

● **働くことのイメージを深める**

生徒との対話等を通じて、生徒の働くことへのイメージについて確認すること、また、作業体験や就業体験、職業人講話、家庭での親子の対話等、様々な体験的学習の機会を設定し、生徒が働くことについて具体的なイメージを深められるようにすることが重要です。こうした学びは、進学先の検討にあたり、自分に合った仕事や働き方を考えていく上でも重要となります。

● 業務での作業遂行を支える

　作業場面や就業体験場面の観察等を通じて，生徒の作業に対する指示理解の状況，作業の正確性・丁寧さ，スピード等について確認できるとよいでしょう。そして，得意な力を伸ばしたり，苦手なことについては，工夫して対応したり，配慮を求めたりすることについて一緒に考えていくことが望まれます。

　指導・支援にあたっては，福祉・労働機関のノウハウを参考とすることもできます。障害者職業総合センターが開発した「ワーク・チャレンジ・プログラム」が一例としてあげられます（詳細は「資料Ⅰ」参照）。

● 対人コミュニケーションを支える

　他の生徒や教員との対人コミュニケーションの様子の観察等を通じて，生徒の対人コミュニケーションの特徴を確認できるとよいでしょう。学校生活では，対人コミュニケーションのつまずきから他者への信頼感を低下させていたり，自信をなくしていたりするケースも見られます。他者との関わりについて難しいと感じていることを一緒に整理したり，うまくいく方法を一緒に考えていったりすることが重要です。

　指導・支援にあたっては，福祉・労働機関のノウハウを参考とすることもできます。障害者職業総合センターが開発した「ジョブコミュニケーション・スキルアップセミナー（試案）―SST研修資料集―」が一例としてあげられます（詳細は「資料Ⅰ」参照）。

● 生活面の力を育む

　生活面の様子は，学業や対人コミュニケーションと比べて目立ちにくいため，課題があることに気が付きにくいケースも少なくありません。特に家庭生活については見えづらいため，家庭と連携し，日常生活の状況を確認していくことが必要です。そして，生活リズムの安定等，課題が確認された場合には，家庭と連携して指導を進めていくことが望まれます。指導・支援にあ

たっては，生徒の自己実現に向けて重要となることを説明し，生徒及び保護者が納得感を持って取り組めるようにすることが重要です。

● 情緒の安定と自己肯定感を支える

卒業後の社会を生き抜く上で必要となるのが心の健康であり，そのためには，情緒の安定や自己肯定感が重要となります。

指導・支援にあたっては，日々の生徒との対話や，学校生活の様子の観察等を通じて，実態把握を行うとともに，生徒が「話を聞いてもらえた」という安心感や，「できた！　分かった！」という成功体験につながる言葉かけや課題設定につなげていくことが大切です。

情緒の安定と自己肯定感は，物事に前向きに取り組んだり，困難に直面した際に，周囲からの配慮も得ながらうまく乗り越えていったりする上でも重要となります。生徒指導や教育相談とも連携し，指導・支援を効果的に進めていくことが望まれます。

②調査結果から

自立と社会参加に向けた力を育む指導・支援について，様々な実践が進められています。以下に，我々が実施した調査結果の一部をまとめました。生徒及び保護者と調整の上，各学校で工夫して進めていけるとよいでしょう。

社会的スキルを高める指導・支援

○パーソナルスペースについて，一緒に取り組んだり，日々，職員室等に来るような用事をつくり，先生方に協力してもらったりしながら，入退室のあいさつやふるまい方を見て，アドバイスをもらうようにした。【全日制・普通科・通級設置校】
○困ったときは，必ず誰か（場所も含めて）に伝えることや伝える練習・シミュレーションをした。【全日制・普通科】
○自分とは異なる意見に接したときは，自己主張をするだけではなく，相手の考えを聞き，よく考えて建設的な会話ができるよう支援を行った。特にグループ活動のときは，教員が入り，ひとりよがりにならないよう，適切なタイミングで助言をした。【全日制・専門学科】

生活スキルを高める指導・支援

○書類の整理などがなかなかできないため，ファイルへの綴じ込みなどを一緒に行った。【全日制・専門学科】
○忘れ物をなくすため，必要な物事はメモする習慣を身に付けさせた。【全日制・普通科】
○服薬を忘れないための工夫，忘れたときのために薬の予備をどう準備しておくかを考える指導を行った。【全日制・専門学科・通級設置校】

心理的健康を支える指導・支援

○自己肯定感を高めるために，できたことを認めることを繰り返した。【全日制・普通科】

スケジュール管理

○担任とともに課題を書き出して視覚化し，スケジュール調整や優先順位の決め方をスキルとして身に付けられるようにした。【全日制・普通科／専門学科】
○提出物の漏れがないか，スケジュール管理ができるように指導した。借りたものを返すように指導した。【全日制・専門学科】

通級による指導

○通級指導でソーシャルスキルやセルフアドボカシースキルの学習などを行った。【定時制・普通科・通級設置校】
○通級指導の一環として，地域若者サポートステーションにおける若者への就労支援事業のボランティア清掃活動やジョブトレーニングに参加している。【定時制・普通科・通級設置校】

4．進路先決定を支える指導・支援

(1) 進路先決定を支える重要性

　進路指導においては，生徒が自分の希望と適性等を踏まえつつ，自分らしい生き方や実現可能な進路を見つけていくことができるよう支えていくことが重要です。

① 進路先決定を支える連携の重要性

　卒業後の進路が進学か就職かにかかわらず，高等学校卒業後の進路はその後の人生に大きく影響します。高等学校卒業後の進路選択・決定ほど大きな選択を，それまでの人生において経験したことのある高校生もほとんどいないでしょう。

　進路選択・進路決定は，生徒自身の意思と責任で行うものですが，生徒一

人だけで行うにはあまりにも責任が重く，負担も大きすぎます。最終的な選択，決定は生徒自身が行うことを前提としつつも，そこに至る過程においては，体験的な学習や個別相談，キャリア・カウンセリング等，早期からの継続的な進路指導を充実させ，学校・保護者・関係機関等と連携し，生徒の進路選択・進路決定を支える仕組みが必要です（関係機関との連携については「5．連携による支援」を参照）。

② 進路先決定を支える伴走支援の重要性

　進路指導では，望ましい進路先を模索し，進路実現のために努力することだけを指導・支援すればよいわけではありません。生徒が自らの意思で進路先を選択できるためには，「それまでの自分の人生を振り返り，客観的に自分を見つめることを通して自分の適性を見出していく」「自分の価値観や希望を自覚し，自分の置かれている状況や環境を理解した上で，収集した情報の中から自分らしい生き方が実現可能な進路を見つける」など，数多くの情報収集・理解・選択・処理等を行う必要があります。また，障害により学習上・生活上の困難さがある生徒の場合，困難さの起因となる障害を受け止め，学習・生活する上で自分に必要となる支援や配慮を理解し，それらを適切に他者へと伝える力も必要となることがあります。進路決定に至るまでには，このような一連の様々な思索，検討，活動等があり，教員は，その時々に応じて，生徒に寄り添いながら，適切な指導・支援を行うことが重要です。また，希望する進路の実現に向けて，生徒自身が努力したり，計画的・継続的に取り組んだり，時には挫折を味わいながらも前向きに課題と向き合ったりできるよう，手を差し伸べたり支えたりすることも求められます。

(2) 進路先決定を支える上でのヒント
① 大切にしたい視点
　進路先の意思決定を支える上では，次の点が重要です。

● 生徒との信頼関係の構築

　高等学校卒業後の進路の選択には，様々な悩みや不安が生じるものです。そのような状況にある生徒が，自分の将来を前向きに捉えたり，主体的に考えたりできるようにするためには，生徒と教員との信頼関係が何より重要です。まずは教員が生徒を信頼すること，そして生徒が信頼できる教員としての言動や振る舞いを心がけましょう。

● 早期からの継続的な指導・支援

　多くの生徒は，3年間という限られた時間の中で，進路選択・進路決定という人生における重大な決断をしなければなりません。進路決定が差し迫った3年生になってからではなく，1年生からの計画的な進路指導が大切です。また発達段階にある高校生は，様々な学習や経験により価値観や進路希望が変容することもありますが，そのような変化も含めた継続的な指導・支援を実践していくことが重要です。

● 体験的な学習（就業体験活動）

　就業体験活動では，職業について現場で実際的な知識や技術・技能に触れることができます。これにより，生徒が学校での学習と職業の関係について理解を深めたり，学習意欲を高めたりし，自分の職業適性や将来設計について考える機会となります。また，生徒が教員や保護者以外の大人と接する貴重な機会となります。こうした機会を通じ，生徒の主体的な職業選択能力や高い職業意識，異世代とのコミュニケーション能力を育むことができ，高い教育効果を期待できます。

● キャリア・カウンセリング

　進路選択という人生で初めて行う大きな決断に，迷いや悩みが生じるのは当然です。心配になったり不安になったりすることももちろんあります。しかし，高校生がこれまでに経験した枠の中で，解決策を見出したり，ポジテ

ィブに捉え直したりすることは難しい場合もあります。

　キャリア・カウンセリングでは，生徒一人一人の生き方や進路，学校生活に関する悩みや迷いなどを受け止め，自分の可能性や適性についての理解を深めさせたり，適切な情報を提供したりしながら，生徒が自らの意思と責任で選択・決定することができるよう支援を行います。個別相談にあたっては，こうしたキャリア・カウンセリングの視点を持つことが大切です。

② 調査結果から

　進路先決定を支える指導・支援について，様々な実践が進められています。以下に，我々が実施した調査結果の一部をまとめました。生徒及び保護者と調整の上，各学校で工夫して進めていけるとよいでしょう。

〈進路先の意思決定を支える指導・支援の例〉

生徒の希望や特性に寄り添った進路指導
○就労に向けたケース会議後に「自分は障害者なのか」と悩み，落ち込むことがあった。特に同年代の友人との対人コミュニケーション力には困難があるが，非常にまじめな生徒であり，学校も皆勤であったため，働く上でその強みが大いに役立つことを伝え，自己肯定感を高める声かけをしながら，就労に向けた話を進めていった。【全日制・普通科／専門学科・通級設置校】 ○生徒が大学を志望していたため，スケジュールの見える化など，担任が必要な指導・支援をした。【全日制・専門学科】

体験・実習を通じた指導・支援

○生徒は，未知の物事に対する不安が強かったため，担任が上級学校のオープンキャンパスのみでなく，プログラミング教室などへの参加を働きかけ，選択の幅が広くなるようにした。また受験の際の受け応えに心配があったため，面接指導を行った。【全日制・普通科】

○３年次１学期には，職業訓練校への見学，相談を実施した（当該本人，保護者）。本人の進路決定の際，選択肢には入らなかったが，進路を絞り込むことができる契機となった。【全日制・普通科／専門学科・通級設置校】

○夏季休業中に就労移行支援事業所への体験通所を行った。その後，事業所・学校・支援機関・本人・保護者と振り返りを数度行い，卒業後に通所することを決定した。【全日制・総合学科】

授業を通じた指導・支援

○総合的な探究の時間を使い，就職希望者全員に求人票の見方指導，入退室の所作指導，面接指導，作文指導，履歴書指導などを行った。加えて担任や就職担当による個別の面談を重ね，フォローをした。【全日制・普通科】

○本生徒は学校設定科目の「研究」において，「障害特性からくる生きづらさ」をテーマとして，文献研究や調査研究を行う過程で自己理解を深めていった。その結果，心理学をより深く学べる学部への進学を志すようになり，次第に落ち着きがみられるようになった。研究指導においては共感的な対応を心がけた。【全日制・普通科】

5．連携による支援

⑴ 連携による支援の重要性
① 校内及び関係機関との連携

　高等学校には，様々な専門性を有している教職員が数多く在籍しています。それぞれの役割を明確にし，各教職員の専門性を発揮することで，障害のある生徒の進路指導を充実させていくことができます。さらに，学校外にも，進路指導に非常に有効で，学校にはない専門性を有している機関がたくさんあります。学校内の体制を整備し，組織的に進路指導を実践するとともに，学校外の機関と連携することで，進路指導をより充実させることができます。特に障害のある生徒の進路指導にあたっては，通常の生徒の進路指導とは異なる手続きが必要になることがあったり，障害のある生徒の進路先特有の制度があったりしますので，関係機関との連携がさらに重要となります。これからの学校は，外部機関のリソースを効果的に活用することの重要性が示されています（図3）。

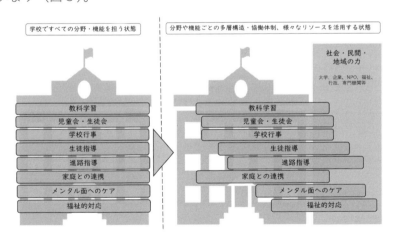

図3　連携による支援のイメージ

出典　内閣府（2022）Society 5.0の実現に向けた教育・人材育成に関する政策パッケージ
＊「【政策1】子供の特性を重視した学びの「時間」と「空間」の多様化〈目指すイメージ②〉」を参考として作成

② 連携する人・機関

　連携の目的によって，連携先となる人や機関，連携の方法は異なります。関係者・機関がどのような役割を持ち，どのような専門性を有しているのかを知っておくことで，効果的な連携につながることが期待できます。主な連携先と，連携のポイントを紹介します。

● 保護者
- 生徒が安心して学習や進路選択に取り組むことができるよう，学校と保護者が同じ方向を向く
- 保護者の思いを丁寧に聞き取ること，学校の指導方針を正確に伝えることを通し，信頼関係を構築する
- 進路指導においては，睡眠に関することなどの小さな変化が重要な要因となることもあるので，頻繁に情報共有を行う
- より多角的・多面的な生徒理解につながるよう，家庭での生徒の様子を知る
- 連絡をする際には，できたことやがんばったことなど，ポジティブな側面を必ず伝える

● 大学，企業等
- 体験的な学習の前：どのような目的で体験を行うのか，どのような教育的効果を期待しているのか，学校の意図するところを伝える。障害や必要な配慮事項について，本人・保護者と相談の上，正確に伝える
- 体験的な学習の後：生徒の変容，学校での姿等を伝える（よりよい体験の在り方を一緒に検討する）

● 特別支援学校
- 障害特性の理解，必要な支援や合理的配慮，有効な指導方法等について助言を受ける
- 障害のある生徒の進路決定について，必要な連携先を紹介してもらう

・障害のある生徒の進路先や進路決定の流れについて,情報提供をしてもらう

● 福祉・労働機関（公共職業安定所〔ハローワーク〕,障害者就業・生活支援センター,地域障害者職業センター,就労移行支援事業所,発達障害者支援センター,地域若者サポートステーション,ジョブカフェ等）
・障害のある生徒の進路先の情報提供をしてもらう
・障害者雇用制度に関する知識や障害福祉サービスに関する知識について助言を受ける
・職業上の課題を整理するために,就労に関するアセスメントを受ける
・障害のある生徒の力が発揮できる職務の開発,職務の選定に関する助言を受ける
・卒業後の職場内のサポート体制づくり（ジョブコーチ支援等）に関する相談を行う

● その他（中学校,医療機関,教育委員会等）
・中学校：中学校時代の様子,受けていた支援や合理的配慮,効果的な指導方法についての情報提供をしてもらう
・医療機関：医学的な診断,障害や疾病に関する知識についての情報提供をしてもらう

(2) 連携を進める上でのヒント
① 大切にしたい視点
　連携による支援を進める上では,次の点が重要となります。

● 学校が持っていない専門性（できないこと）を活用する
　上記で紹介した連携先は,学校にはない知識を持っていたり,学校ではできないことができたりします。積極的に連携し,進路指導をさらに充実したものにしましょう。

● 学校が持つ専門性も最大限発揮する

　障害のある生徒の進路指導を充実させるために，連携先から学校にはない専門性を提供してもらいますが，すべてを他機関へ委ねるわけではありません。学校は教育の専門機関として，できること・やるべきことを積極的に担いましょう。

● それぞれの専門性や強みを共有し，役割を明確にする

　学校は教育機関としての専門性，連携先はそれぞれが持っている専門性を共有し，各機関が持つ強みを発揮できるよう適切に業務を分担しましょう。

　図3に連携による支援のイメージ図を示しました。今後の学校は，社会の様々な機関と連携をし，学校の教育活動を充実させていくことが展望されています。こうした流れの中で，進路指導による連携も効果的に進めていくことができるとよいでしょう。

② 調査結果から

　連携による支援については，様々な実践が進められています。以下に，我々が実施した調査結果の一部をまとめました。生徒及び保護者と調整の上，各学校で工夫して進めていけるとよいでしょう。

〈保護者との連携による支援の例〉

学校や家庭等における様子を共有

○学級担任はその生徒に対し，とても親密に接していた。生徒も親に対し，学校の状況を毎日報告しており，何かあった場合には親から学級担任へ電話が来て，共通理解が構築できていた。そのおかげか，本人のやりたい職種，会社もすぐ決まった。学級担任が学校での親代わりとなって，週に3〜4回は保護者に電話連絡した。【全日制・専門学科】

○三者面談はもちろん,送迎時に学校や家庭での様子を情報交換した。【定時制・専門学科】

特性に対する理解の共有

○入学当初から,生徒の特性について情報共有を行ってきた。入学後は,生徒の成長に伴い起こる変化や問題について,常に情報共有を行い,共通認識を持って,指導・支援にあたってきた。【全日制・普通科】
○生徒指導案件の際,保護者と連絡を取りながら,どこに問題があるのか,自分の行動のどこがいけないのかなど,人の気持ちや自分の行動についてじっくりと考える時間を持った。【定時制・普通科・通級設置校】

指導方針や指導内容への理解の共有

○通級担当として学期ごとに,状況説明,指導内容報告のための面談を行った(担任とともに)。【全日制・総合学科・通級設置校】
○週1回の通級指導の連絡帳を利用して保護者と連絡をとった。【定時制・普通科・通級設置校】

〈関係機関との連携による支援の例〉

専門的な助言や情報提供

○障害者就業・生活支援センターで相談にのってもらえたことで,保護者・学校とも安心できた。【全日制・専門学科／総合学科】
○ハローワークと密に連携を行い就業先の斡旋や卒業後のトライアル雇用についての相談などを行った。【全日制・総合学科・通級設置校】
○職業訓練校より改めて高等学校訪問があり,本人,保護者,担任と一緒に話を伺った。入試に向けてのアドバイスなどをいただいた。【全日制・普通科・通級設置校】

情報の共有

○以前から通っていた児童発達支援・放課後等デイサービス,保護者,担任の三者で進路選択に向けてどのように連携していくかを話し合った（3年6月末）。【全日制・普通科】
○卒業後は就職を希望していたので,3年生になってすぐに障害者就業・生活支援センターと連携した。その後,地域の障害者基幹支援センターを含め,生徒・保護者・学校との5者で定期的にケース会議を行った。【全日制・総合学科】

進路先への働きかけ

○進路先となる大学に,進学後すぐ,授業等が開始される前に本人と保護者,大学で障害についての説明や必要とする援助の依頼をする機会をとっていただけるよう高等学校の進路指導部から大学へ連絡した。【全日制・普通科】
○入学試験時の支援として小論文の試験時間延長と筆記試験の時間延長を要望した。受験前に大学側と本人・保護者がオンラインで面談を行った。その際には担任が立ち会った。【全日制・普通科】

第2節 ポイント別取組例
【5名の事例から（Aさん～Eさん）】

1．組織的対応

> 事例1　障害の受け入れをサポートしながら，組織的に進路指導に対応し，就職につなげていった事例

(1) Aさんの事例

　Aさんは，発達障害の診断があり，進路指導の中で障害者手帳を取得することになりましたが，障害があることも手帳を取得することも受け入れられないでいました。

　Aさんは，高等学校入学当初から卒業後の就職を希望しており，夏季休業中に高校生のみを対象とした職場見学会に参加しました。職場の様子を見て，Aさんはこの会社に就職したいと思いました。

就職試験の前に，本人と保護者の了承のもと，本人の特性を進路担当者から会社の人事担当者へ伝えました。その結果，会社側から，Aさんの人間性には魅力を感じていることから，「障害者雇用」で就職することを提案されました。しかし，障害があることを受け入れていない本人・保護者はこの提案を拒否しました。

(2) 組織的対応の内容

　A校は，特別支援学校での勤務経験者が特別支援教育コーディネーターや進路指導担当を務めています。そのため，校内に障害者雇用に関する知識があり，手続き等の情報をすぐ進路指導に生かせるという強みがありました（特別支援教育の浸透）。また，障害のある生徒への進路指導体制を活用して，個々に応じた進路指導を実践しており，特に生徒の情報については，全教職員が共有できるシステムができていました。このシステムを活用することで，学年団で支援を共有しやすくなっています（特別支援教育の浸透）。

　A校では，就職を希望する障害のある生徒に対して，実習等に対する配慮が受けられる体制を整えています。また，早い段階から，本人と保護者に，障害者雇用のメリットとデメリットの説明会も開いています（学校として目指す方向性の共有）。

　Aさんの場合は，本人・保護者共に障害があることを受け入れておらず，1つ目の就職は希望通りにいきませんでした。そこで，改めて，進路指導担当者が本人と保護者に福祉的就労について説明し，障害者手帳の取得を促しました（進路指導担当としての役割・責任の明確化）。その後，ハローワークで求職登録をし，自治体主催の障害者対象企業説明会に参加するよう促しました。説明会で好感触だった会社を，本人，保護者，進路指導担当者の3名で訪問し，仕事に関する具体的な話を聞かせてもらいました。会社見学と職場体験をしたところ，障害のある先輩社員とともに働くことに魅力を感じ，Aさんはこの会社に就職したいと考えるようになりました。障害者手帳の取

得はしなかったものの、実習をしたことが、仕事への理解を深めることになったようです。その後、就職試験を受け、一般雇用で採用されました。

一方、通級による指導では、障害特性に応じた対応力をつけるため、自立活動を参考に、人間関係におけるマナー、苦手なことの把握・対処法・他者への開示、得意なことの把握と積極的アピール、リフレーミング等を主に行いました。加えて、ビジネスマナーを確認するとともに、面談への担当者の参加等も行いました（通級担当者としての役割・責任の明確化）。

2．自己理解を促す指導・支援

> 事例2　障害の認識はなかったが、働く体験を通して自己理解が深まり、支援を受けながら就職することになった事例

(1) Bさんの事例

入学当初、学校生活に困難さは感じていたものの、本人、保護者とも、B

第2章　発達障害等のある生徒への進路指導の充実に向けて　067

さんに障害があるという認識はありませんでした。学校からBさんの困難さの原因を考えるためにアセスメントを勧め，就労移行支援事業所で発達検査等を受けました。実態把握をしたことで，支援を得ることが必要だと思えるようになり，本人，保護者とも納得して，高校2年生の年度末に障害者手帳を取得することになりました。

(2) 自己理解を促す指導・支援の内容

　Bさんは，アセスメントを実施したことで，単純作業が苦手だという自分の適性を把握することができました（支援に向けた実態把握）。その後，就労移行支援事業所で実施したアセスメントの結果と，座り仕事より体を動かすほうが好きだというBさんの特性をハローワークに伝え，就労先を紹介してもらいました。その結果，ハローワークから農業系の会社が提案されました。本人の就労意向を確認し，この会社を見学した後，1週間の職場実習を行いました。しかし，会社から，Bさんは作業スピードが遅いこと，常に見守りが必要であることから，雇用は難しいとの話がありました。本人も実習後の振り返りとして，かなり負担が大きかったことを語りました（体験的な学習の設定とその振り返り）。

　そこで，本人，保護者，進路指導担当者で本人に合った働き方や職場について話し合いました。さらに，相談支援センターに連携支援を求めたところ，就労継続支援A型の事務所が候補としてあがりました。しかし，居住地域に事業所が少なく，遠方に通うことは困難なため，この提案は断念することになりました。

　次に，これまでのアセスメントの結果と企業実習の振り返りから，近くに指導者がいること，業務内容が明確であること，体が動かせる仕事であることがBさんの働く環境として向いていることが共有され（苦手なことへの対処方法や必要とする配慮の検討），この条件に該当する職場を提案してもらうことにしました。そこで，再度ハローワークに希望を伝えたところ，清掃

系の特例子会社が適しているのではないかとの結論に至りました。特例子会社での実習後，場面に合った挨拶が難しいという課題をＢさんと会社，学校で共有しました（体験的な学習の設定とその振り返り）。しかし，その他の作業については問題なく取り組むことができ，本人，企業ともによい印象を持っていました。Ｂさんは実習の中で仕事の丁寧さを褒められることもあり（よい点のフィードバックの重要性），本人の得意なことにマッチしたようでした。実習を通して，「この仕事は向いている」「この作業は苦手」といった自己理解に取り組んでおり，清掃の仕事は，自分に合った仕事だと思えたようでした。

　Ｂさんの場合，話を聞いたり，見学等で情報を得たりするだけでは自分に合った進路先かどうかの判断が難しかったことから，積極的に体験を取り入れたことが効果的だったようです。

3．自立と社会参加への力を育む指導・支援

> **事例3** 好きなことは大事にしつつ，関係機関と連携して，自立と社会参加の力を育むことで進路変更をした事例

(1) Ｃさんの事例

　Ｃさんは鉄道が好きで，将来，鉄道会社に就職したいと考えており，居住地とは離れた都市の専門学校への進学を希望していました。しかし，Ｃさんは他者とのコミュニケーションが苦手で，ストレスがかかると精神的に落ち込むことがありました。また，これまでに家事に関わった経験もないことから一人暮らしをするのは厳しいと思われました。さらに，未経験のことをイメージすることが苦手なことから，現実に目を向け，自立と社会参加に向けて具体的に考えていくことは大きな課題でした。

(2) 自立と社会参加への力を育む指導・支援の内容

　Cさんはコミュニケーションでの課題が大きかったことから，安心して話す機会の確保として，高校1年生から定期的な面接が行われました。鉄道への関心が高く，将来の仕事に結び付けたいという気持ちが強かったのですが，進路指導の観点からみると，仕事にするには難しいと思われました。そこで，Cさんのイメージをもとに，現実的に一人暮らしが可能かどうかについて話し合われました。面接を重ねる中，今の環境と大きく異なる都市で生活を維持することは難しいと考えるようになりました。そこで，実家で家事を手伝い，生活力をつけながら，仕事をすることになりました（生活面の力を育む）。

　一方，趣味を維持することは心の安定に効果的であることから，仕事以外で鉄道を楽しめるような場を確保するよう勧めました（情緒の安定と自己肯定感を支える）。

　次に，専門学校の入学から卒業までの流れを確認したところ，Cさん自身，進学は負担が大きすぎると思うようになり，就職に進路変更することになりました。もともとコミュニケーションが苦手でしたが，1年かけてCさんの希望を聞きながら話し合いを重ねることで，話すことへの抵抗感を軽減することにつながりました（対人コミュニケーションを支える）。

Cさんの進路決定に向けて，学校，保護者，福祉課，進路先，計画相談員とで常に情報を共有していました。関係機関との連携がスムーズに行えたことで，学校にない情報を得ることができました。

　2年生になったところでインターンシップを実施しました（働くことのイメージを深める）。インターンシップ先を探す際に，ハローワーク，発達障害者支援センターと連携しました。この連携で見つけた企業は，障害者就労の実績がある企業で，Cさんへ配慮をしてくれました。企業からは高い評価をもらいましたが，求人がなかったため，就職にはつながりませんでした。

　この後の進路指導のため，就労に関するアセスメントを実施し，Cさんの状態を客観的に評価してもらいました。自分には支援が必要であると思えるようになり，自己理解を深めることができました。この経験をきっかけに，進路指導主事が障害者手帳で得られるサービスや支援内容を伝え，取得を提案したところ，本人，保護者も納得して，手帳の取得に至りました。

　その後，特例子会社で3日間の職場体験をしました（働くことのイメージを深める）が，精神的，体力的な課題が目立ち，就職にはつながりませんでした。しかし，Cさんは必要なサポートについて理解を深めるよい経験であったと前向きに捉えていました。Cさんは，就労に関するアセスメントを実施した就労移行支援事業所で再び実習を行い，ジョブコーチ[注2]のおかげで仕事の流れを把握することができました（業務遂行を支える）。仕事の環境的にも負担が少なく，この事業所が最終的な進路先となりました。

注2　ジョブコーチ（職場適応援助者）は，障害のある人の職場適応に課題がある場合に，職場において，障害特性を踏まえた専門的な支援を行い，障害のある人の職場適応を支援します。障害のある本人に対する職務の遂行や，職場内のコミュニケーション等に関する支援だけでなく，事業主に対しても障害特性に配慮した雇用管理等に関する支援を行います。地域障害者職業センターに配置されるジョブコーチ，障害者の就労支援を行う社会福祉法人等に雇用されるジョブコーチ，障害者を雇用する企業に雇用されるジョブコーチがいます。

4. 進路先決定を支える指導・支援

> **事例4** 校内での連携を踏まえたプロセスを経て，本人の進路先決定を支えた事例

(1) Dさんの事例

　Dさんは高等学校への進学前に学習障害の診断を受けており，自分の障害特性を理解していました。障害に関するネガティブな感情はほとんど見られず，プリントへのルビ打ちなど，学校に合理的配慮の提供を求めることもできていました（早期からの継続的な指導・支援）。学習への不得手感はなく，何事に対しても積極的に取り組んでおり，趣味のダンスは何年も続けていました。

　ダンスの発表会に出た経験が，舞台・音響技術の仕事に就きたいと考えるきっかけになりました。そのため，必要な国家資格を取るための準備も進めています。

(2) 進路先決定を支える指導・支援の内容

　D校では，通常，本人と保護者に進路希望を調査した後，本人，保護者，学級担任で三者面談をしています。しかし，Dさんの事例では，進路希望調査の前に，信頼関係ができている通級担当者がDさんから授業参加に関する困り事や将来の希望などの話を聞いて，担任や特別支援教育コーディネーター，進路指導担当者で情報共有をしていました（生徒との信頼関係の構築）。また，三者面談の後に学校生活全般と進路について，本人，保護者，教育相談係，特別支援教育コーディネーターの四者で面談を行いました。

　その後は，学校の進路指導の通常の流れに沿って，校長，教頭，進路指導主事，他の関係教員により進路先の検討がされました。進路指導委員会が開催された後，本人，保護者，担任で三者面談を行い，進路先が決定しました。

　Dさんも保護者も，障害特性の理解は進んでいましたが，Dさんは何事に対しても積極的な反面，時折，失敗すると落ち込んでしまうことがありました。そのため，通級による指導では，心理的な安定に向けた指導を受けていました（生徒との信頼関係の構築）。また，インターンシップや進路面接などの実践に向けた事前準備（体験的な学習）や，事後の個別指導も受けていました。進路選択では，職業準備性ピラミッドを参考にしながら，本人の特性に合わせた指導内容を考えたり，「資格取得を含む専門性の育成」と「本人の性格・特性を考慮した就職先」とのマッチングを検討したりもしました（キャリア・カウンセリング）。趣味のダンスを通して，就職を希望する会社の仕事の様子を見たり，実際に関わったりすることもありました（体験的な学習）。

　また，通級担当者と進路指導部・所属学科・担任との情報共有を密に行い，国家資格試験受験時の合理的配慮の提供に関する協議（ルビ打ちによる受験）等を行いました。Cさんは合理的配慮を受けて受験し，国家資格を取得することができました。

　その後，学習障害があることは開示せず，舞台・音響技術に関する会社を

受験しました。事前にＣさんの人柄を会社が理解していたこともあり，希望する会社への就職が決定しました。

5．連携による支援

事例5 生活の基盤を固め，生徒が就労の体験を通して生徒自身の課題に気付き，自己理解を深めるために関係機関が連携した事例

(1) Ｅさんの事例

　Ｅさんは，イライラすると暴言や捨て鉢な言動が見られました。発達障害や気分障害など複数の診断があり，障害者手帳も取得していました。保護者との関係が悪く，グループホームから登校していました。

　Ｅさんは就職を希望していましたが，働くことのイメージや，一人で生活することのイメージは漠然としたものでした。Ｅさんの生育歴や生活環境が複雑なため，学校だけで十分な進路指導をすることは難しいと考え，複数の関係機関が連携して支援をしていきました。

⑵ 連携による支援の内容

　Eさんは，就職を希望するものの，求人票を見ても仕事のイメージが持てずにいました。学級担任は，職場選択の前提として，仕事について知ることが必要であり，インターンシップで働く経験だけでは十分でないと考えました。そこで，休日や夏期休業等を使ってボランティア活動をすることで，働く経験をするようEさんに勧めました（学校が持っていない専門性を活用する）。Eさんは，いくつかの活動に参加することで働くことを体験し，体験後には学級担任と話し合うことを繰り返しました。体験後の振り返りを通して，Eさんは働く意味を理解し，働くことのイメージが持てるようになってきました。

　また，学級担任との振り返りの中では，ボランティア活動で，どのような状況になったときに暴言や捨て鉢な言動が出てしまったのかを話し，不適切な言動にならないための方法を考えるようになってきました。その結果，相手の視点に立って理解をしたり，自分の考え方を変えたりすることが有効であることに気付き，その方法も学びました。自己理解を深めたことで，自己肯定感を持てるようにもなっていきました（学校が持つ専門性も最大限発揮する）。

　Eさんは保護者との関係が悪いことから，卒業後の生活基盤も含めた進路指導が必要でした。そこで，学校だけで対応することは困難と考え，学級担任は，校内の特別支援教育コーディネーターに相談しました。その結果，児童相談所，相談支援事業所，グループホーム，キャリア支援のNPO法人等に声をかけ，学校主導でケース会議を実施することになりました（それぞれの専門性や強みを共有し，役割を明確にする）。Eさんをみる視点が異なる様々な機関が集まったことから，連携を始めた当初は，学校関係者と関係機関との間に，見立てや支援内容に差異がありました。しかし，学校が声をかけ学期ごとに情報交換を行ったことで認識が一致し，Eさんに対して，より

対応可能な提案ができるようになりました（学校が持っていない専門性を活用する）。
　Eさんは，ボランティア活動で働く体験と振り返りを通して，身体を動かす仕事が合っているということに気付きました。そこで，自分から希望に合った就職先を探し，一般雇用で引越会社に就職することになりました。

　就職先は決まったものの，ストレスのコントロール等では心配が残るため，本人と学級担任，関係機関が話し合い，一人暮らしはせず，グループホームでの生活を続けることにしました。イライラすると，その都度，グループホームの職員に報告し，解決策を見出すようにしています。

第3節　まとめ

　第2章では，発達障害等のある生徒に対する進路指導を充実させるため，調査を通して見出された，「組織的対応」「自己理解を促す指導・支援」「自立と社会参加への力を育む指導・支援」「進路先決定を支える指導・支援」「連携による支援」の5つのポイントについて，事例を交えて解説してきました。

　以下に，あらためてこの5つのポイントが大切な理由についてまとめました。

1. 組織的対応：進路指導は，生徒の卒業後の生き方に大きな影響を及ぼすことから，進路指導担当や担任に限らず，校内の様々な教員や校内の専門家が組織的に関わることで，多面的に生徒の進路指導を進めることが可能になります。
2. 自己理解を促す指導・支援：障害のある生徒が自分に合った進路選択をするためには，自分の特性を知ることが必要です。自己理解には時間がかかることから，入学後から，学校生活の中で教員との対話や生徒自身の振り返りの機会を設定することが大切です。
3. 自立と社会参加への力を育む指導・支援：社会人として生きるには，健康管理や日常生活管理などの生活力が土台となり，その上で，コミュニケーション力や，課題対応能力などが求められます。進路指導の中では職業適性のみならず，生活力をつける指導も大切です。
4. 進路先決定を支える指導・支援：障害のある生徒が一人で進路を考えるのは難しいことから，伴走支援は重要です。他機関と連携して，キャリア・カウンセリングを行ったり，体験的な学習で具体的なイメージを持ちやすくしたりするなどの工夫が必要です。
5. 連携による支援：障害のある生徒の進路指導には，専門的な知見を持つ機関との連携は不可欠です。連携の目的に合った機関を選択することが必要です。

COLUMN ③
進路先での適応を見据え取り組みたい指導・支援内容

　COLUMN ①では大学での学生生活，COLUMN ②では企業での職業生活の困難に触れ，各困難の予防・軽減に向けた取組の必要性について述べました。こうした中，高等学校では，特にどのような指導・支援内容に取り組んでいけるとよいでしょうか。

　大学・企業が，困難があったと回答した学生・社員に対し，高等学校段階で必要であったと考える指導・支援内容を，「作業力」「対人コミュニケーション力」「基本的な生活力」「自己理解」「メンタル面の安定」の視点から尋ねました。

　結果，「かなり必要」から「やや必要」に該当する回答の割合は，大学ではいずれの項目でも8割を，企業ではいずれの項目でも6割を超える結果となりました。また，「自己理解」「対人コミュニケーション力」「メンタル面の安定」は，大学・企業において回答割合が高い上位3つに該当し，共通して重視されていることが分かりました（図4）。

　なお，本書では，「作業力」「対人コミュニケーション力」「基本的な生活力」「メンタル面の安定」については，5つのポイントのうち，「自立と社会参加への力を育む指導・支援」としてまとめて説明していること，「自己理解」については，これらの能力の育成や，合理的配慮の要請，進路選択に向けた前提となるため，個別にポイントを設定し説明していることを述べておきます。

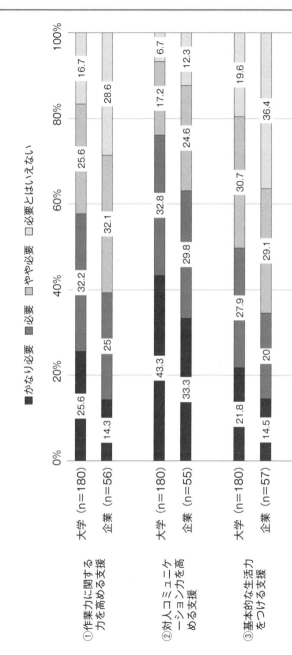

図4 進路先で困難が生じた事例に対し高等学校段階で必要であった支援

COLUMN ④
通級による指導の活用に向けて

　COLUMN ③では，進路先での適応を見据え，取り組んでいけるとよい指導・支援内容について説明しました。こうした指導・支援を，生徒の障害特性を踏まえ，より深く丁寧に行う必要がある場合，「通級による指導」を活用することが考えられます。

　通級による指導は，６区分27項目から構成される自立活動の内容（表１）を参考として行われます。COLUMN ③で取り上げた内容と自立活動の内容の関連を考えると，例えば，「作業力」は「５身体の動き」，「対人コミュニケーション力」は「３人間関係の形成」や「６コミュニケーション」，「基本的な生活力」は「１健康の保持」，「自己理解」は「１健康の保持」や「３人間関係の形成」「４環境の把握」，「メンタル面の安定」は「２心理的な安定」の視点を参考として指導・支援を進めていくこともできるでしょう。ただし，生徒のニーズが前提となります。活用にあたっては，生徒や保護者，通級担当者との対話を通し，生徒が納得感を持って取り組めるようにすることが大切です。

表1　自立活動の内容（6区分27項目）

区　分	項　目
1 健康の保持	(1)生活のリズムや生活習慣の形成に関すること (2)病気の状態の理解と生活管理に関すること (3)身体各部の状態の理解と養護に関すること (4)障害の特性の理解と生活環境の調整に関すること (5)健康状態の維持・改善に関すること
2 心理的な安定	(1)情緒の安定に関すること (2)状況の理解と変化への対応に関すること (3)障害による学習上又は生活上の困難を改善・克服する意欲に関すること
3 人間関係の形成	(1)他者とのかかわりの基礎に関すること (2)他者の意図や感情の理解に関すること (3)自己の理解と行動の調整に関すること (4)集団への参加の基礎に関すること
4 環境の把握	(1)保有する感覚の活用に関すること (2)感覚や認知の特性についての理解と対応に関すること (3)感覚の補助及び代行手段の活用に関すること (4)感覚を総合的に活用した周囲の状況についての把握と状況に応じた行動に関すること (5)認知や行動の手掛かりとなる概念の形成に関すること
5 身体の動き	(1)姿勢と運動・動作の基本的技能に関すること (2)姿勢保持と運動・動作の補助的手段の活用に関すること (3)日常生活に必要な基本的動作に関すること (4)身体の移動能力に関すること (5)作業に必要な動作と円滑な遂行に関すること
6 コミュニケーション	(1)コミュニケーションの基礎的能力に関すること (2)言語の受容と表出に関すること (3)言語の形成と活用に関すること (4)コミュニケーション手段の選択と活用に関すること (5)状況に応じたコミュニケーションに関すること

出典　文部科学省（2018）特別支援学校教育要領・学習指導要領解説自立活動編

第3章

発達障害等のある生徒への進路指導に関する事例

　発達障害等のある生徒の進路指導にあたっては，高等学校の通常の流れに沿った進路指導では十分とは言えず，生徒一人一人の特性に応じた対応が期待されます。中でも，発達障害等のある生徒は，自己理解や特性を踏まえた進路先決定が課題となっており，高等学校での対応が期待されています。
　また，高等学校においては，障害の理解や支援の提供そのものが課題であることから，校内のみならず，外部の専門機関との連携が不可欠となります。
　本章では，インタビュー調査で集めた事例をもとに，進路指導前の生徒の概要，高等学校の概要を紹介した後，第2章で紹介した5つのポイントに則って進路指導の取組を整理しています。なお，紹介する事例は，個人情報保護の観点から適宜修正しています。

第1節 進学の場合

　3事例の概要です。1つめは，障害特性への気付きはあるが，支援に対する意識は弱く，進路指導での気付きを得て，地元の専門学校に進学した事例，2つめは，困難さを感じづらく，当初，県外の4年制大学に進学を希望していたが，自分に合った環境をさぐる中，県内の専門学校に進学した事例，3つめは，障害を受け入れられず，漠然と4年制大学に進学を希望していたが，自分の関心に気付き，農業系の大学に進路を決めた事例です。

> **事例1**
>
>
> 専門学校への課題提出をきっかけに，不注意への対応についてスクールカウンセラーと相談することになり，社会参加への力を付けたFさん

1．進路指導前のFさんの概要

- 入学の時点では発達障害の特性があることについて，申し出はありませんでした。しかし，提出物が遅れたり，同級生と対人関係でトラブルがあったりしたことから，教員は支援の必要性を感じていました。Fさんは発達障害の診断はなく，障害者手帳も取得していません。
- 自己理解の状況：保護者はFさんに発達障害の特性があることをある程度理解しています。一方，Fさん自身は，自分の特性は分かっていると言うものの，自己効力感の高さに対して達成状況が伴わないことから自暴自棄になることがあります。そのため，困難な状態になったときの対応方法な

ど，自己理解には課題がありそうです。
- 得意なこと・好きなこと：手先が器用でものづくりが得意です。
- 進路の希望：専門学校への進学を希望しています。

2．高等学校の概要

- 全日制，普通科の高等学校で，通級指導教室は設置されていません。
- 進学希望の生徒が多く，部活動によるスポーツが盛んな学校です。
- 特別支援教育に対する認識は学校内で比較的共有されており，障害のある生徒への支援については，協力的な雰囲気があります。

3．進路指導の取組

(1) 組織的対応

　Fさんの進路指導にあたり，既存の進路指導体制を調整し，組織で対応することにしました。1つ目の工夫は，通級指導教室がないことから，個別にFさんの苦手なところに対応できるような時間をつくったことです。2つ目の工夫は，スクールカウンセラーや進路指導主事や特別支援教育コーディネーター，担任が連携して進路指導に取り組んだことです。

(2) 自己理解を促す指導・支援

　Fさんが希望する専門学校では，決められたテーマの絵を描き，期日までに提出することが入学選抜の課題でした。しかし，これまでに提出物が出せなかったことが度々あり，今回も期日に間に合わないのではと考え始めて不安が高まりました。これをきっかけに，Fさんはスケジュール管理が苦手であることを障害による特性として捉え，その対応方法について考えることになりました。

　特別支援教育コーディネーターは，受験や入学後に必要な提出物をリスト

アップし，それにかかる時間や手順をＦさんと一緒に検討することを提案しました。実際にスケジュール表を作成して取り組んだことで，作業の進め方を経験することができました。

(3) 自立と社会参加への力を育む指導・支援
　スケジュール管理の経験をきっかけに，月１回スクールカウンセラーに，自分の特性やその対応方法について相談することになりました。これまでうまくいかないと思っていたことを話すことで，人に話をするために考えをまとめることが苦手であることにも気付きました。そこで，スクールカウンセラーへの相談を継続しつつ，面接試験に向けて，進路指導担当者が面接の練習を行うことになりました。

(4) 進路先決定を支える指導・支援
　本人は将来の希望や生活のイメージなどが持てていない一方，保護者やＦさんに関わる教員は，生活力を身に付けることが必要だと考えていました。進路先を検討する中，複数の専門学校が候補としてあがりましたが，中には遠方の学校もあり，一人で生活ができるかが話題となりました。学ぶ前提に生活の基盤ができていることが必要であることを話し合い，自宅から通学が可能な学校を選択することになりました。

(5) 連携による支援
① 校内での連携
　希望する専門学校の試験では，絵を期日までに提出することが課題の１つでした。そこで，進路指導担当者から教科担当者に声をかけ，課題提出までのシミュレーションを行いました。夏休みに美術の教員が課題作成の支援をし，Ｆさんはアドバイスを受けながら絵を完成させ，期日内に提出することができました。その後，スクールカウンセラーとの連携にもつなげることができました。

② 保護者との連携

　スケジュール管理の苦手さについて，校内で支援をした結果，期日内に課題を提出することができ，進学につなげることができました。そこで，具体的な手立てを保護者と共有し，家庭での支援に活用してもらうことにしました。支援を受け課題をクリアすることができたことで，Ｆさんが積極的になった様子を見て，保護者から教員への信頼関係が深まることになりました。また，この出来事がきっかけで，支援の必要性を感じるようになり，発達検査の受検と受診につなぐことができました。

③ 関係機関との連携

　進路先には受験の際，Ｆさんに診断があることを情報提供していました。そこで，進学が決まった後，Ｆさんの在学中の様子を教えてほしいと，専門学校から高等学校に連絡があり，担当者が来校しました。本人の了承を得て，専門学校の担当者と，進路指導担当者，学級担任がＦさんの在籍中の状況や支援の内容，卒業時の様子などについて情報提供をしました。個別の教育支援計画などの文書も共有し，専門学校での支援に活用してもらうことになりました。

- 既存の進路指導の体制をもとに，校内で連携を図ったことで，進路指導の内容に広がりがでました。
- 通級指導教室の設置がなくても，既存の教員の指導次第で，生徒に課題を気付かせ，対応方法を考えることができました。
- 受験の課題提出といった具体的な目的をきっかけに，生徒が自分に必要な支援を知ることができ，自己理解を深めることができました。

事例2

県外の大学進学を希望していたが，生活のシミュレーションをした結果，支援が手厚い県内の専門学校へ進学することになったGさん

1．進路指導前のGさんの概要

- 中学校1年生で，医療機関を受診した際，ASDと診断を受けました。障害者手帳は取得していません。G高等学校への入学の際，中学校から障害に関する引継ぎや，本人や保護者からの相談はありませんでしたが，1年時から提出物が遅れたり，友人関係でトラブルがあったりしたことから，教員は支援の必要性を感じていました。
- 自己理解の状況：本人・保護者とも障害があることについて理解していますが，本人は困っている感覚が弱く，自分にとって必要な支援については分かっていない状況でした。
- 得意なこと・好きなこと：幼少期から車が好きで，車への知識を深めています。
- 進路の希望：車好きが高じてG高等学校の機械科に入学した経緯があります。将来，自動車に関わる仕事がしたいと考え，自動車について深く学ぶことができる4年制大学への進学を希望していました。

2．高等学校の概要

- 全日制，総合学科の高等学校で，通級指導教室は設置されています。
- 通常の学級では，チームティーチングで指導を行うなど，発達障害等のある生徒に対し，きめ細やかな指導が提供できるような体制がつくられてい

る学校です。

3．進路指導の取組

(1) 組織的対応

　1年生の5月にGさんと同級生との間でトラブルがあり，Gさんに対するケース会議を開くことになりました。学級担任や特別支援教育コーディネーター，教科担任が集まり，Gさんの授業中の様子などを共有した結果，同級生とのコミュニケーションがうまくいかず，共同作業ができなかったり，指示が入らず提出物が出せなかったりと，頻繁にトラブルが生じていることが分かりました。そこで，特別支援教育コーディネーターが中心となり，支援方法などを特別支援教育センターに相談したり，Gさんの出身中学校に問い合わせたりしました。

　問い合わせ後に再度ケース会議を開き，Gさんには通級による指導が必要と考え，指導を受けることを提案しましたが，希望されませんでした。そこで，教員の連携を継続しつつ，チームティーチングで指導を行うことにしました。また，通級による指導については，トラブルが生じたタイミングで適宜促すことになりました。

(2) 自己理解を促す指導・支援

　対人関係のトラブルが何度かあったことから，トラブルが生じたときには，その場にいた教員が，Gさんからトラブルの原因になった行動の理由や気持ちなどを聞き，望ましい方法を伝えることにしました。また，通級による指導の一部に参加するように促し，対人の距離感やストレスマネジメントを身に付ける機会をつくりました。教員からの理解を促すアプローチが増えたことで，苦手なことの理由や望ましい行動などの理解が徐々に深まっていきました。また，一つ一つ解決する経験を蓄積することで，自分のよい点にも目を向けることが大事だと気付くことができました。

(3) 自立と社会参加への力を育む指導・支援

　高等学校の生活の中で生じている対人関係等，顕在化している課題へ対応しないと，進学先や将来の生活にトラブルが続く可能性が高いことから，学校内での対人関係トラブルについて，どのように解決するか，そのプロセスを丁寧に確認することにしました。順を追って考えることがGさんにとっては理解しやすかったことから，困ったときには，手順を踏んで説明してもらうようGさんに知ってもらうことができました。

　また，これまでは保護者との関係性の中でのみ成立していた気持ちの吐露を，教員に対してもできるようになり，卒業後，他者に相談する力が育ち始めました。

(4) 進路先決定を支える指導・支援

　当初は，県外への進学を希望していました。しかし，進路指導の中で卒業後の生活をシミュレーションしてみると，一人暮らしに必要な生活力が不足していること，進学先での対人関係において，いろいろな支援が必要であることを，本人や保護者，担任が共通理解し，県内にある手厚い支援が期待できる専門学校へ進学することになりました。

(5) 連携による支援
① 校内での連携

　教室で過ごすことが難しかったときは別室での対応を行うようにしました。気持ちが安定すると，戻ることができるようになりました。

② 保護者との連携

　校内での対人トラブルが生じていることを伝えたことをきっかけに，定期的に情報共有をするようになりました。保護者との関係が良好だったため，家庭では，保護者がGさんの話を聞くことで気持ちを安定させている一方，保護者との関わりが薄くなると自傷行為が出るという困難な状況にあること

も話してもらえました。連携をしたことで，卒業後の生活基盤について考えることになり，自宅から通える学校を選択することになりました。

③ 関係機関との連携
　本人，保護者とも，障害特性や支援に対する意識が弱いことから，学校から教育センターの教育相談を利用したり，障害のある子どもの保護者の集まりを活用して，Ｇさんへの支援について情報提供をしてもらったりしました。また，高等学校で取り組んだ支援などのＧさんに関する情報は，進路先に提供しました。

- 当初は居住地から離れた4年制大学への進学を希望していましたが，本人の特性を踏まえ，将来の生活をシミュレーションした結果，無理なく学生生活が送れるよう，進学先を変更することができました。
- 対人関係トラブルなどの課題は，卒業後も課題となることが想定されたことから，教員との対話や通級による指導を活用して，対人関係を構築するプロセスを追うことで，対応方法を徐々に身に付けることができました。

事例3

漠然と進学を考えていたが，体験学習を通して，自分に合った学科の選択につながったHさん

1．進路指導前のHさんの概要

- 入学前の段階で検査を受け，発達障害の特性があることは聞かされていましたが，保護者が診断を拒否したため，診断名はついていません。障害者手帳もありません。中学校1年生から言語聴覚士によるセラピーを受けていましたが，中学校から情報は引き継がれていませんでした。
- 自己理解の状況：本人，保護者ともHさんに苦手なことがあることは分かっていますが，障害があることは認めていませんでした。一方で，必要な配慮や支援は提供してほしいと要望をしており，高校1年生から通級による指導を受けています。
- 得意なこと・好きなこと：これといった趣味はなく，本人にとって得意と思えることもないようです。
- 進路の希望：地元の4年制大学への進学を希望していました。

2．高等学校の概要

- 全日制，総合学科の高等学校で，通級指導教室を設置しています。進学にも力を入れて進路指導をしている学校です。
- 校内の支援体制を整え，各分掌で役割を明確化し，教員それぞれが役割を果たすようになっています。

3．進路指導の取組

(1) 組織的対応
　本人・保護者とも障害受容ができていなかったものの，支援への要望はあったことから，通級による指導を利用し，支援を行うことにしました。通級による指導は，高校1年生から開始して高校3年生の11月まで利用しました。自分の意見を伝えることが苦手なことから，通級担当者と連携し，進路指導担当者が進路実現に向けた面接指導を行いました。

(2) 自己理解を促す指導・支援
　高校2年生になったとき，本人，保護者，担任，通級担当者とで，進路希望を確認しました。特にコミュニケーションが苦手だったので，通級指導教室ではコミュニケーションの指導を行いました。

(3) 自立と社会参加への力を育む指導・支援
　進路が決定した後，自分から他者に助けを求められるよう，自分が困りやすい状況と必要な支援について，通級担当者と考えました。また，他者への声のかけ方の練習をし，実際に困ったときに自分から教員にお願いをするなど校内で実践を行いました。
　学校ではお守りとして障害者手帳の取得を勧めましたが，保護者に了承を得られない状況が続いていました。しかし，通級による指導を受ける中，本人の意識は少しずつ変容していき，前向きな方向に進み始めました。

(4) 進路先決定を支える指導・支援
　進路選択の準備として，選択授業で農業を選択し，農業実習を行いました。実際に体験をしたことで，やりたいことが明確になり，農業系の大学への進学を希望するようになりました。
　進路指導を始めた当初，本人も保護者と同様に漠然としたイメージで，と

にかく進学することを考えていましたが，何が自分に合っているのかは不明確な状況でした。しかし，具体的な体験を伴う選択授業や進路指導を通し，自分が何に関心を持っているのかに気付くことができるようになりました。こうした話を本人から聞き，通級による指導では，希望する進路の実現に向けて，日々の様子を振り返ることも指導に入れるようにしました。

　こうした指導を通して，Hさんは自信を持って自分の意思を保護者に伝えることができました。

⑸ 連携による支援
① 校内での連携
　コミュニケーションに課題があったので，通級指導教室では，コミュニケーションの仕方を中心に指導を行いました。指導の中で生徒同士の関わりを設定したことで，進路選択について振り返ったり，同じ進路を希望している生徒から情報をもらったり，協力をしたりすることができるようになりました。

　Hさんが希望する進路が叶わなかった場合に備え，担任，進路指導部長，生活支援部長，通級担当者，ソーシャルワーカーが集まり，対応策の会議を行いました。

② 保護者との連携
　Hさんの保護者は，子どもの障害受容ができておらず，漠然と大学進学に強い希望がありました。Hさん以上に現状の受け入れが進まなかったことから，家庭との連携は求めないことにしました。一方，Hさん自身の自己理解を進め，本人の変化から保護者に理解を求めていくよう方針を変えました。また，保護者には情報提供を欠かさないようにし，卒業後に支援が必要になったときのために，福祉制度について関心を持ってもらうよう促しました。

③ 関係機関との連携

　保護者の協力が得られにくく，なかなか関係機関と連携をとることが難しいケースでした。唯一，中学校１年生から指導を受けていた言語聴覚士に連絡し，情報収集を行うことができました。

- コミュニケーション面に課題があったので，通級指導教室では，コミュニケーションを中心に指導を行いました。この結果，Cさんから他者に自分の意志を伝えられるようになり，自信もついてきました。
- 自分の苦手なことが少しずつできるようになってきたことから，自分の苦手な部分を受け入れることができ，自己像と実際の姿とのズレが少なくなってきました。
- 通級による指導の成果を踏まえ，教員間での連携によって，進学へ向けた進路指導がスムーズに進むようになってきました。

第2節　就職の場合

　3事例の概要です。1つめは、障害特性や必要な支援について理解があり、就労継続支援A型に就職した事例、2つめは、トラブルの原因を性格によるものと捉えていたが、通級による指導を受けたことで自己理解が進み、一般雇用で企業に就職した事例、3つめは、金銭管理や対人関係に課題があることから、校内で組織的に進路指導をした結果、寮で生活支援を受けられる会社に就職した事例です。

> 事例1
>
>
> 専門学校での生活を具体的に考えた結果、特性による課題が大きいことから、就労継続支援A型への就職に進路変更したIさん

1．進路指導前のIさんの概要

- 発達障害の診断があり、障害者手帳を所持しています。主として心理的安定に関する指導を受けるため、週2回、通級による指導を受けています。素行不良等はありませんが、不全感が高まったときに、暴言等があるので周囲は心配しています。また、期日までに課題を提出することや遅刻をせずに出席することが難しい状況にあります。
- 自己理解の状況：保護者、本人とも理解があります。
- 得意なこと・好きなこと：物を作ることが好きです。
- 進路の希望：地元の専門学校への進学を希望していました。

2．高等学校の概要

- 定時制の単位制普通科高等学校で，通級指導教室を設置しています。
- 学校の体制として，特別支援教育を教育目標の柱に据えて，全教職員が生徒の入学時から卒業時のことをイメージして指導にあたっている点に特徴があります。
- 発達障害等のある生徒の進路指導においても，教育目標に則った取組が行われています。自己理解を促すために生徒との対話を大切にしており，進路指導の一環として体験実習等を積極的に行っています。

3．進路指導の取組

(1) 組織的対応
　Ⅰ校には，通級による指導があるため，既存の進路指導体制を組みつつ，進路指導主事，特別支援教育コーディネーター，担任，通級担当者が連携して進路指導に取り組みました。

(2) 自己理解を促す指導・支援
　本人，保護者とも，計画的に課題に取り組むことが苦手であったり，不安定な状態になると暴言が出てしまったりする状況は課題と感じていました。自分の特性が卒業後の生活にどのようにつながっていくのかをシュミレーションする中で，将来的に，物を作るのが好きだという特徴を負担なく生かしていく場を考える指導を行いました。

(3) 自立と社会参加への力を育む指導・支援
　Ⅰさんの課題の１つに不安定な状況になると暴言を吐いてしまうことがありました。そこで，通級による指導を受け，不安定になる状況，暴言を吐いてしまうことへの本人の気付き，暴言に替わる気持ちの収め方などを継続的

に話し合いました。毎回の指導の中で，以前と物事の捉え方が変わったり，言葉にする前に我慢することができたりと少しずつ変化が感じられる報告が増え，自立に向けて必要な力を考えることができました。

(4) 進路先決定を支える指導・支援

当初，Ｉさんは進学を希望していたことから，担任が進路指導主事に相談し，進学後に考えられる課題等を本人と話し合った上で，オープンキャンパス等に参加することにしました。

具体的に，受験や入学後の生活で必要となることをリストアップしたところ，希望していた学校は，作品制作の課題が課せられることが分かり，進学後の不安が語られるようになりました。そこで，Ｉさんの不安を保護者とも共有した結果，進路変更を検討することになりました。

本人から，働いてみて進路を考えたいという希望が出たことから，実習での経験を経てから，就労継続支援Ａ型を就職先に選ぶことにしました。

(5) 連携による支援
① 校内での連携

Ｉさんの暴言は，将来的に本人にとって不利益になるということを校内で共有していました。そこで，教職員間で連携を取り，その日の様子を毎日共有し，関わり方のアイデアを出し合いました。それぞれの教員が，アイデアを試してみた結果も共有することで，対応の連携を図りました。

また，通級による指導では，担当者との信頼関係が築けていたことから，進路指導主事と密に連携を図り，進路指導が行われました。

② 保護者との連携

保護者は協力的で，進路指導の関係で連絡をすると，学校に来て話を聞いてくるような関係が保たれていましたが，進路先の状況などについて，家庭で積極的に話し合うことはないようでした。進路指導主事が，保護者への就

職先機関の提示方法について関係機関に相談しながら進めたことで，スムーズな意識の共有ができました。

③ 関係機関との連携
　通級による指導の中で，暴言に対する指導や進路選択について，特別支援学校の地域支援部からアドバイスをもらいながら進めました。
　本人と保護者から，就労支援等のある就職先を検討したいという希望が出たことから，進路指導主事がソーシャルワーカーに連絡を取り，域内の施設や手続き等の情報を収集しました。また，本人と保護者に地域障害者職業センターの利用者登録を促しました。その後，ハローワークに赴き，遅刻しがちという課題があることと，物作りが好きだという本人の希望を伝え，進路先について相談をしました。その結果，IT系の就労継続支援A型を提案してもらい，見学をすることになりました。

- 全教職員が生徒の入学時から卒業時のことをイメージして指導にあたることで，卒業後に必要な力を具体的に考え取り組むことにつながりました。
- 対話をすることで，生徒一人に考えさせるのではなく，教員が伴走しながら，自己の課題に向き合い，自己理解を促すようにしていました。
- 実際の体験は理解を高めることから，進路希望の変更があったところで，すぐに体験実習等に取り組めるように調整しました。
- I校では，就職先やサポートしている組織等に，離職状況も含めた追跡をしており，在学生の進路指導に生かしていました。

事例2

本人に障害の認識がないことから、通級による指導と進路指導部が連携して、就職に向けた支援を行ったJさん

1．進路指導前のJさんの概要

- 診断はありませんが、不注意なところがあったり、同級生の発言の意図が汲み取れず、バカにされたと思ってムキになったりすることが度々あり、冷静になると後悔するという状況を繰り返していました。気分が乗らないと突っ伏して授業に参加しなくなることもあり、学習意欲が下がっていく様子が見られました。
- 通級による指導について提案したところ、高校2年生から利用することになりました。通級は「自分」を出しても否定されないことが分かってくると、自分の課題について相談するようになりました。
- 自己理解の状況：母親は発達の課題があることは認識しており、障害を疑っていましたが、本人は性格特性だと思っていました。
- 得意なこと・好きなこと：特に得意や好きと思えることはないようです。
- 進路の希望：漠然と就職することを希望していました。

2．高等学校の概要

- 全日制、普通科のみの高等学校で、通級指導教室が設置されています。
- 通級による指導の利用については、生徒全体に説明をした後、本人、保護者の希望を持って、対象の選定を行っています。
- 発達障害等のある生徒の進路指導においては、通級による指導と連携しな

がら取り組んでいます。

3．進路指導の取組

(1) 組織的対応

　J校は進路指導主事が1名で対応するのではなく，進路指導部という組織で，学年全体や学科もしくは学級全体での指導を行っています。Jさんの所属する学科では，「資格取得を含む専門性の育成」と「本人の性格・特性を考慮した就職先」について，マッチングを行いました。さらに，Jさんは通級による指導を受けていることから，通級担当者と進路指導部の教員，所属学科の担任とが密に情報共有を行いながら進路指導に取り組みました。

(2) 自己理解を促す指導・支援

　本人と保護者から，通級による指導を受けたいと希望がありました。同級生とのトラブルの原因が自分の性格だと考えており，トラブルの後に落ち込むことを繰り返していたことから，この状況を変えていきたいと思っていたようでした。通級による指導では，どのように自己理解をしているかを知るためにアセスメントを実施しました。その結果，性格が原因と捉えていたため，性格は変わらないからどうしようもないと考え，Jさんの自己肯定感を下げていることが分かりました。そこで，具体的なトラブルの状況から，その原因を考え，本当はどのような対応をすればよかったと思うかなどを通級担当者と考えることで自己理解を促すことにしました。

(3) 自立と社会参加への力を育む指導・支援

　入学時から生じていた同級生とのトラブルは，通級による指導が進むにつれ減少し，イライラすることがあるとその場から離れるなど，自分自身で感情をコントロールすることができるようになってきました。トラブルが減ったことで，少しずつ自分の行動に自信がもてるようになり，対人関係にも積

極性が出てきました。就職した後の会社の人間関係に不安を感じ，進路選択に消極的でしたが，少しずつ前向きに考えるようになってきました。
　一方，トラブルが全くなくなったわけではなく，時折落ち込む様子が見られたり，不注意なところもあったりすることから，通級による指導では，継続的に本人の不安を聞きながら，対応の方法を一緒に考えました。就職した後も，困ったときには相談をすることが大切であることを伝えるとともに，相談の仕方についても指導の内容として取り込んでいきました。

(4) 進路先決定を支える指導・支援
　本人，保護者，関係者で集まり，地元で就職するかどうかを頻繁に話し合いました。まずは，一人暮らしができるかどうかを考え，次に，地元，居住圏内，居住圏外，県外と具体的に検討していきました。その結果，一人暮らしでは生活上の困難が多そうだと見立て，地元への就職を提案しました。保護者の意見を受け，Jさんも生活の基盤を変えずに仕事ができるように地元で就職することを選択しました。
　仕事の内容から必要な力を考えること，生徒の適性・特性を把握しながら進路指導を進めました。職業準備性ピラミッドを参考にしながら，本人の特性課題に合わせた指導内容を精選したり，インターンシップや進路に関する面接指導をしたりしました。また，事前準備や事後の個別指導も実施しました。

(5) 連携による支援
① 校内での連携
　Jさんにとって，同級生とのトラブルは最も大きなストレスになっているようでした。そこで，進路指導部が中心となり声をかけ，通級担当者が協力し合いながら，適切な自己理解を促すことになりました。進路に関する指導では，自立活動として，同級生とのトラブルなどの報告をもとに，困難に感じていることについて，適切な受け取り方や，対応の仕方を身に付けていきました。また，指導内容とJさんの変化については，進路指導と連動させる

ようにしました。

② 保護者との連携
　Jさんの対人関係のトラブルについて，保護者は障害があるのではないかと疑っていました。しかし，医療機関を受診したことはなく，本人も性格だと思っていることから，障害として受け止めさせるのは難しいと感じていました。そこで，通級担当者と保護者は，障害の有無にこだわらず，自分の特性を知ること，その上でトラブルにならない方法を身に付けることを優先に考えると方針を共有しました。その上で，卒業後にJさんの認識が変わることも考慮し，診断や障害者手帳があることで受けられる支援や補助について情報提供をしました。

③ 関係機関との連携
　Jさんの事例では，本人に障害特性としての認識がないことから，敢えて障害特性として扱わず，就職に向けた支援として校内で対応しました。そのため，外部の専門機関に連携を求めることはありませんでした。また，一般雇用で採用試験を受けており，本人の特性等の情報は就職先に引き継がなかったそうです。就職して1年後に，進路指導部から企業に勤務状況を問い合わせたところ，適応できている旨の話を伺うことができました。

> ・学校の進路指導部や所属学科が連携し，本人の性格や特性を十分理解した上で，本人と保護者の意思を尊重しながら，丁寧に進路指導と進路決定が行われました。
> ・本人に障害としての認識がなかったことから，教育的ニーズとして対応しました。結果的に，同級生とのトラブルは減り，自信を持って活動ができるようになりました。本人の力を引き出し，将来の自立や社会参加に必要な力を付けたことが効果的でした。

事例3

家庭の協力が得られず，家を出て就労しなくてはならないため，生活に必要な力を付けながら進路指導に取り組んだKさん

1．進路指導前のKさんの概要

- 中学生のとき，医療機関で発達障害と診断され，障害者手帳も所持しています。Kさんはお金の管理に課題があり，家庭でトラブルを繰り返していました。また，大人との交流はできるものの，会話を楽しむことは苦手なため，友達関係はない状況が続いていました。
- 自己理解の状況：保護者，本人とも，障害があること，金銭管理，対人関係に課題があることは認識していましたが，その対応策などを考えるには至っておらず，問題意識は薄いようでした。
- 得意なこと・好きなこと：食べることに関することが好きです。
- 進路の希望：事務系の仕事を希望しており，簿記等の授業に積極的に取り組んでいました。

2．高等学校の概要

- K校は全日制，普通科のみの高等学校で，通級指導教室は設置していません。
- 発達障害等のある生徒への支援については支援体制ができており，必要に応じて外部の専門機関とも連絡を取っています。

3．進路指導の取組

(1) 組織的対応

　Kさんはお金に関してトラブルを起こしやすく、生活上の課題が大きいことから、他の生徒と同様の生徒指導では十分ではないと考え、個別の対応を工夫することにしました。学級担任を中心に、スクールカウンセラーも入れてチームを組み、進路選択に向けた支援の方法を検討しました。

　また、就職を希望していること、家から出ることを考えていることから、生活面の自立を図るために、家庭科の教員が調理や家事に関することを指導しました。

(2) 自己理解を促す指導・支援

　Kさんは、友達関係が構築できない状況について困っていませんでした。そこで、障害特性の自己理解は、就職後に委ね、進路指導の時点では、Kさんにとって起こりうる課題や対応を教員が考えました。専門機関からも情報を収集し、就職先の環境を調整することに方向転換することにしました。一方、就職後のコミュニケーションを想定し、言葉遣いなどを中心に面接指導に取り組みました。

(3) 自立と社会参加への力を育む指導・支援

　Kさんは食べることが好きで、美味しそうなものを見つけると衝動買いしてしまうところがありました。そこで、進路先を決める以前に、実家を出て生活をするためには、金銭の管理など生活面の基盤づくりが最優先事項であることが本人、担任、進路指導主事との間で確認されました。

　しかしながら、生活力を数か月で身に付けるのが難しいことも確認できたことから、お金の管理指導もお願いできる、寮のある職場を職場選択の条件としました。その結果、これまで住んでいた地域から離れたところにある製造会社に就職することができました。寮はKさんにとって安心できる場とな

り，就職先では同僚とのコミュニケーションなどのサポートを受けながら，仕事を続けています。

(4) 進路先決定を支える指導・支援

職場訪問の際，Ｋさんは持たされたお金を交通費まで使ってしまい，目的の職場に訪問できなかったというアクシデントがありました。このトラブルがきっかけで，お金を扱う事務系の仕事は向いていないことを自覚することになり，進路変更をすることになりました。

公共職業安定所の紹介で製造業の職場を訪問し，作業見学をしたことで製造の仕事にも関心が出たことから，Ｋさんのトラブルをできるだけ避け，同じ職場で仕事が継続できるような選択をすることになりました。就職後は，関係機関が連携して，生活の場の改善が行われる見通しです。

(5) 連携による支援
① 校内での連携

進路指導主事が中心となり，担任と連携を図りました。また，目前に迫った卒業後の生活に対応するには，生活力が必要と考え，家庭科の教員にも声をかけました。生徒の課題に即時対応できるような体制の基礎ができあがっていたことと，発達障害等のある生徒への支援に対する教員の意識が高いことが，校内連携につながりました。

② 保護者との連携

家庭環境が複雑で，保護者はＫさんと関わることに消極的でした。保護者は，Ｋさんに卒業と同時に家を出て，就職をしてほしいと考えていました。こうした状況から，進路指導主事は家庭に支援を求めたり，連携して進路を考えたりすることは難しいと考え，校内連携で進めることにしました。

③ 関係機関との連携

　生活面の課題が大きいことと，対人関係に難しさがあることから，これらの課題に対応するため，特別支援学校，公共職業安定所，行政・医療機関，児童相談所，スクールソーシャルワーカーといった専門機関に連絡を取り，情報を求めました。課題が広く，校内資源だけでは対応が難しかったことから，積極的に専門機関につながったことにより，結果的にＫさんが安心して生活できる環境を整え，仕事に臨めることになりました。

　また，進路先には個別の教育支援計画等の書類のみならず，情報提供をすることで配慮の継続を求めました。

- 就職後の生活を考慮し，関係機関等と連携するとともに，生活面の自立を図るために，家庭科の教員も対応する等，校内のリソースを最大限活用しました。
- 家庭の協力が得られない場合，進路選択の説明をするなど情報共有をしておく一方，校内連携で支援を進めることで少しでも早くに対応を始めることが大切です。

第3節　まとめ

　第3章では，進学，就職をした発達障害等のある生徒の事例をそれぞれ3つずつ紹介しました。

　進学事例のFさんと就職事例のJさん，Fさんは全日制普通科，進学事例のGさん，Hさんは全日制総合学科，就職事例のIさんは定時制単位制普通科と課程や学科は異なっています。しかし，紹介した事例は，いずれも進路先で一定期間適応できており，進路変更をしたり，退職したりすることなく過ごしているものです。また，進路先では，高等学校段階で自己理解を求めていますが，6つの事例は進路指導を始める前，本人，保護者の理解が進んでいるとはいえない状況でした。診断や障害者手帳を所持している事例でも，自己理解には至っていません。こうした状況においても，生徒に合った進路選択ができるよう，自己理解と併せた支援が行われています。そのポイントをまとめました。

- 通級指導教室が設置されている学校では，指導の中で生徒の自己理解を促す支援を行っています（事例GHIJ）。一方，設置されていない学校では，スクールカウンセラーを活用したり，支援が提供可能な教員に協力を求めたりして，校内で連携しながら自己理解の促進に取り組んでいます（事例FK）。校内資源を活用できる体制が大切です。
- 生徒の進路希望をスタートに，漠然とした希望を具体的にしたり（事例HJ），現実的な課題にぶつかった際の不安などをきっかけに，本当に続けられる進路先かを考えなおしたりしています（事例FGIK）。生徒の気持ちが動いたきっかけを見逃さず，支援につなげることが大切です。

　さらに，事例Jでは，生徒の就職先に勤務状況を確認しています。卒業後のフォローアップから，発達障害等のある生徒に必要な支援を確認することも期待されます。

表2　紹介事例の概要

進路	記号	通級設置	自己理解の状況	指導前の希望進路	進路
進学	事例F	なし	診断なし。障害特性に気付いているが，必要な支援は分かっていない	地元の専門学校に進学希望	希望する専門学校に進学
進学	事例G	あり	診断あり。困っている感覚が弱く，必要な支援は分かっていない	県外の4年制大学に進学希望	県内の専門学校に進学
進学	事例H	あり	保護者が診断を拒否。困難さは感じているが，障害は認めていない。一方で配慮や支援の提供は要望あり	漠然と4年制大学に進学希望	農業系の大学に進学
就職	事例I	あり	診断あり。障害特性，必要な支援とも理解あり	地元の専門学校に進学希望	就労継続支援A型に就職
就職	事例J	あり	診断なし。対人トラブルはあるが，性格特性だと理解	漠然と就職を希望	一般就労で企業に就職
就職	事例K	なし	診断あり。金銭管理の課題が大きいが，問題意識が薄く支援方法を考えるには至っていない	事務系の仕事を希望	職員寮のある製造業の会社に就職

第3章　発達障害等のある生徒への進路指導に関する事例

COLUMN ⑤

発達障害等のある生徒の在籍について、高等学校ではどの程度認識されているか

　我々が高等学校に実施した調査では、回答校のうち、全日制では84.5％、定時制・通信制では99.0％の学校が、「発達障害がある、またはあると思われる生徒が在籍している」と回答し、発達障害等のある生徒の在籍についての認識があることが分かりました（図5）。

　「在籍していない」と回答した学校では、発達障害の生徒が在籍していることを把握しきれていない可能性があります。また、生徒や保護者自身も、障害を認識できていない可能性があります。

　こうした中、「進学者の多い学校だから」「中学校から個別の教育支援計画を引き継いでいないから」といった理由だけで、障害がある生徒がいないと結論付けるのは尚早です。学習上・生活上で何らかの困難さを示す生徒がいる場合、特別支援教育コーディネーターに相談したり、特別支援学校のセンター的機能を活用して相談を行ったりできるとよいでしょう。生徒に障害の可能性がある場合、早期からの適切な指導や支援が進路指導に役立ちます。

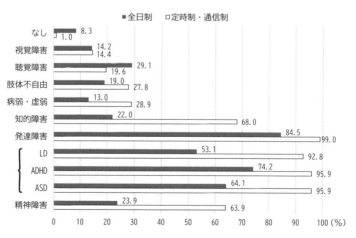

図5　障害がある・あると思われる生徒の在籍状況
＊全日制1,384校、定時制・通信制97校が複数回答

COLUMN ⑥

発達障害等のある生徒に対し，
高等学校で行われている進路指導に関する指導・支援内容とは

　我々が高等学校に実施した調査では，回答校において，図6のような指導・支援が行われていることが分かりました。全日制，定時制・通信制問わず最も多かったのは「対人コミュニケーション」を高める指導・支援でした。これは，基礎的・汎用的能力の「人間関係形成・社会形成能力」の育成につながる内容と言えます。また定時制・通信制では，「自己肯定感」を高める指導・支援も多くの学校で取り組まれていました。これは基礎的・汎用的能力の「自己理解・自己管理能力」の育成につながる内容と言えます。このように，障害のある生徒に対しても，キャリア教育の視点に立った指導・支援が多くの学校で行われていることがうかがえます。

　障害特性により，自己理解や情報の理解の過程において何らかの困難さが生じた場合は，自立活動の6区分27項目（詳細は「COLUMN ④」参照）を参考として，必要な指導・支援を行っていくことも考えられます。

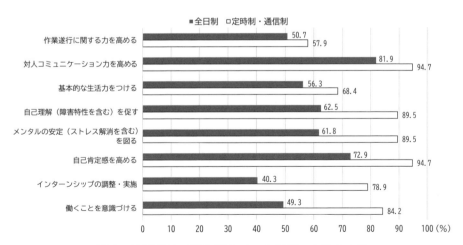

図6　高等学校で取り組んでいる指導・支援の内容
＊全日制144校，定時制・通信制19校が複数回答

COLUMN ⑦

高等学校と特別支援学校の連携に向けて
特別支援学校が対応可能な支援内容とは

　すべての公立の特別支援学校には「特別支援教育のセンター的機能」があるため、地域の学校は、特別支援学校との連携により様々な支援を受けることができます。

　我々は特別支援学校に調査を行い、高等学校に対してどのような支援を行うことが可能であると考えているか把握しました。特筆すべきは、7割以上の特別支援学校が対応可能であると回答した内容が17項目あったことです。またそれらの項目の内容は、以下の通り多岐にわたっており、高等学校は様々な支援等を受けられる可能性が示されました。

　その中でも特に多く選択されていたのが、「障害特性に配慮した指導・支援」や「個別の指導計画、個別の教育支援計画」等、長年にわたって特別支援学校で蓄積されてきた内容に関わる項目です。また、「自立」に向けた指導・支援に関する項目も選択されおり、多様な生徒の進路決定に深く関わってきた特別支援学校だからこそ、様々な知見を有していることがうかがえます。

● 7割以上の特別支援学校が「対応可能」と回答した内容

「障害特性に配慮した個別の指導・支援に関すること」
(91.3%)

「障害の理解・啓発に関すること」
(90.6%)

「学習上，生活上の困難の把握に関すること」
(90.6%)

「障害特性に配慮した授業づくりに関すること」
(88.6%)

「個別の指導計画・個別の教育支援計画の作成に関すること」
(87.9%)

「就労支援を行う機関の利用に関すること」
(84.6%)

「卒業後の自立を見据えた，よりよい進路選択（就職・進学）の進め方に関すること」
(83.2%)

「障害者手帳の取得に関すること」
(80.5%)

「自立に向け求められる自己理解（障害特性の理解を含む）に関すること」
(80.5%)

「障害者の雇用制度と支援内容に関すること」
(79.9%)

「自立に向け求められる対人コミュニケーション力に関すること」
(79.9%)

「自立に向け求められる基本的な生活力に関すること」
(79.9%)

「保護者との連携に関すること」
(77.9%)

「個別の移行支援計画の作成に関すること」
(76.5%)

「自立に向け求められる心理的安定に関すること」
(74.5%)

「障害の診断に向けた受診の進め方に関すること」
(71.1%)

「自立に向け求められる作業を実施する力に関すること」
(71.1%)

＊特別支援学校149校の回答
＊下線は特別支援学校に特徴的な内容

COLUMN ⑧

高等学校と福祉・労働機関との連携に向けて
福祉・労働機関が対応可能な支援内容とは

　特別支援学校の「センター的機能」を活用した連携だけでなく，福祉・労働機関（機関の種類については「資料Ⅰ」参照）とも効果的に連携することで，発達障害のある生徒の進路指導をさらに充実させることができます。

　我々は，福祉・労働機関のうち，発達障害者支援センター及び障害者就業・生活支援センターに対して調査を行い，高等学校に対し，どのような支援を行うことが可能と考えているかを把握しました。結果，「自機関以外の就労支援機関の利用」のほか，「障害者の雇用制度」や「障害者手帳の取得」「職業生活にあたっての合理的配慮」など，福祉・労働サービスの利用に関する項目について，対応可能と考えていることが分かりました。

　このうち，「障害者の雇用制度」や「障害者手帳の取得」については，特別支援学校でも対応可能であると回答されていましたが，福祉・労働機関は専門的な知識を持っているため，より詳細な情報を得られる可能性があります。また，就職後の支援については，特別支援学校の「センター的機能」のみでは充実させることが難しいため，福祉・労働機関の利用が望まれます。

　高等学校において，必要に応じて追指導を行っていることとは思いますが，多数の生徒の進路指導を担う高等学校が，卒業生の就職後の支援をくまなく行うことには限界があります。学校で学ぶ期間よりも，卒業後に働く期間の方が圧倒的に長いため，学校時代にどれほど指導・支援を充実させ，準備を重ねてきたとしても，予期せぬ事態が生じ，就職先で困難さに直面する可能性があります。そのような場合に，生徒が主体的に福祉・労働機関に相談できるよう，在学中に生徒と福祉・労働機関がつながることができる機会を設けられるとよいでしょう。

● 7割以上の福祉・労働機関が「対応可能」と回答した内容

「自機関以外の就労支援を行う機関の利用に関すること」
(88.5%)

「障害の理解・啓発に関すること」
(85.1%)

「障害の診断に向けた受診の進め方に関すること」
(85.1%)

「障害者手帳の取得に関すること」
(82.8%)

「障害者の雇用制度と支援内容に関すること」
(81.6%)

「卒業後の自立を見据えた，よりよい進路選択（就職・進学）の進め方に関すること」
(81.6%)

「保護者との連携に関すること」
(77.0%)

「自立に向け求められる自己理解（障害特性の理解を含む）に関すること」
(77.0%)

「就職後の職業生活にあたっての合理的配慮に関すること」
(77.0%)

＊福祉・労働機関87か所の回答
＊下線は福祉・労働機関に特徴的な内容

COLUMN 115

引用・参考文献

- 中央教育審議会（2011）：今後の学校におけるキャリア教育・職業教育の在り方について（答申）．
- 大学入試センター（2024）：令和6年度　受験上の配慮案内．
- 大学入試センター（2024）：令和6年度　大学入学共通テスト受験上の配慮Q＆A．
- 榎本容子・井上秀和編（2023）：発達障害のある高校生のキャリア教育・進路指導ハンドブックー進学支援編ー．学事出版．
- 榎本容子・井上秀和編（2023）：発達障害のある高校生のキャリア教育・進路指導ハンドブックー就労支援編ー．学事出版．
- 閣議決定（2023）：教育振興基本計画．
- 国立特別支援教育総合研究所（2024）：高等学校における障害のある生徒の社会への円滑な移行に向けた進路指導と連携の進め方等に関する研究．令和3年度〜5年度重点課題研究最終報告書．
- 国立特別支援教育総合研究所（2021）：発達障害のある子供の教育に関わる全ての教員の皆様へ　もしかして，それ…二次的な障害を生んでいるかも…？．B-372　社会とのつながりを意識した発達障害等への専門性のある支援に関する研究ー二次的な障害の予防・低減に向けた通級による指導等の在り方に焦点を当ててー研究成果リーフレット．
https://www.nise.go.jp/nc/report_material/research_results_publications/leaflet
- 厚生労働省（2019）：平成30年度障害者雇用実態調査結果．
- 厚生労働省：合理的配慮指針事例集【第五版】．
- 文部科学省（2023）：令和5年度学校基本調査．
- 文部科学省（2022）：生徒指導提要（改訂版）．
- 文部科学省（2019）：「キャリア・パスポート」例示資料等について（事務連絡）．
- 文部科学省（2019）：新しい時代の教育に向けた持続可能な学校指導・運営体制の構築のための学校における働き方改革に関する総合的な方策について（答申）．
- 文部科学省（2018）：高校学習指導要領（平成30年告示）．
- 文部科学省（2018）：高等学校学習指導要領解説総則編（平成30年告示）．

- 文部科学省（2018）：特別支援学校教育要領・学習指導要領解説　自立活動編（平成30年告示）．
- 文部科学省　障害のある学生の修学支援に関する検討会（2017）：障害のある学生の修学支援に関する検討会報告（第二次まとめ）について．
- 文部科学省（2015）：チームとしての学校の在り方と今後の改善方策について（答申）．
- 文部科学省　キャリア教育の推進に関する総合的調査研究協力者会議（2004）：キャリア教育の推進に関する総合的調査研究協力者会議報告書～児童生徒一人一人の勤労観，職業観を育てるために～の骨子．
- 文部科学省　新しい時代の特別支援教育の在り方に関する有識者会議（2021）：新しい時代の特別支援教育の在り方に関する有識者会議　報告．
- 内閣府　総合科学技術・イノベーション会議（2022）：Society 5.0の実現に向けた教育・人材育成に関する政策パッケージ．
- 日本学生支援機構（2023）：令和4年度（2022年度）障害のある学生の修学支援に関する実態調査．
- 日本学生支援機構（2015）：教職員のための障害学生修学支援ガイド．
- 障害者職業総合センター（2023）：令和5年度版就業支援ハンドブック．
- 障害者職業総合センター（2020）：障害のある求職者の実態等に関する調査研究．調査研究報告書，No.153．
- 障害者職業総合センター（2017）：障害者の就業状況等に関する調査研究．調査研究報告書，No.137．
- 障害者職業総合センター（2015）：発達障害者就労支援レファレンスブック（課題と対応例）．マニュアル，教材，ツール等，No.48．
- 障害者職業総合センター（2015）：ジョブコミュニケーション・スキルアップセミナー（試案）―SST研修資料集―．マニュアル，教材，ツール等，No.47．
- 障害者職業総合センター（2008）：就職支援ガイドブック…発達障害のあるあなたに…．マニュアル，教材，ツール等，No.24．

資料1

発達障害等のある生徒の進学・就職についての情報源

　ここでは，発達障害等のある生徒の進学や就職の支援に向けて参考となる情報が得られるサイトを紹介します。

1．障害のある学生の支援について

● 障害のある学生に対する大学での基本的な修学支援について知りたい

日本学生支援機構
「教職員のための障害学生修学支援ガイド（平成26年度改訂版）」

〈URL〉
https://www.jasso.go.jp/gakusei/tokubetsu_shien/shogai_infomation/shien_guide/index.html

〈概要〉
障害のある学生の支援にあたり，支援の基本的な考え方や参考となる情報がまとめられています。

〈内容例〉
高等教育における障害のある学生支援の基本的な考え方
発達障害1（支援例　入学まで）
発達障害2（支援例　学習支援他）
関連情報（ウェブサイト・図書・奨学金・学生保険等）

● 障害のある学生に対する大学での合理的配慮の考え方について知りたい

日本学生支援機構
「合理的配慮ハンドブック」

〈URL〉
https://www.jasso.go.jp/gakusei/tokubetsu_shien/shogai_infomation/handbook/index.html

〈概要〉
障害のある学生を支援するにあたっての基本的な考え方や参考となる情報がまとめられています。

118

〈内容例〉
障害のある学生を教えるときに必要なこと
入学試験・高大連携

● 障害のある学生に対する支援・配慮事例を知りたい

日本学生支援機構
「障害のある学生への支援・配慮事例」

〈URL〉
https://www.jasso.go.jp/statistics/gakusei_shogai_hairyo_jirei/hattatsu_jiheisyo.html

〈概要〉
障害のある学生に対し，全国の大学等が実施した，支援・配慮事例が障害種別に紹介されています。

〈内容例〉
授業，試験，移動，施設改修
進級，卒業，就職，学外実習
学生相談，カウンセリング
学外生活（通学，入寮等）

● 大学におけるより具体的な支援・配慮例を知りたい

筑波大学　ヒューマンエンパワーメント推進局

〈URL〉
https://dac.tsukuba.ac.jp/shien/

〈概要〉
障害等のある入学志願者や学生に対する支援について紹介されています。

〈内容例〉
発達障害学生支援の基本的な考え方
主な支援内容と特徴
相談・支援申請・問い合わせ先
よくある質問

資　料　119

東北大学　学生相談・特別支援センター

〈URL〉
https://www.ccds.ihe.tohoku.ac.jp/front-2-2/disability_services_office/ssr_publication/

〈概要〉
障害のある学生の支援についてまとめられたリーフレットや冊子が紹介されています。

〈内容例〉
「発達障害のある学生への対応について－教職員向けヒントブック－」
「現在の困難に対処し，充実した学生生活をおくるためのヒント集（Ｑ＆Ａ）」

２．障害のある人の雇用や就労支援について

● 障害者雇用を行う企業事例を知りたい

独立行政法人高齢・障害・求職者雇用支援機構
「障害者雇用事例リファレンスサービス」

〈URL〉
https://www.ref.jeed.go.jp/

〈概要〉
障害者雇用について，創意工夫を行い積極的に取り組んでいる企業の事例や，合理的配慮の提供に関する事例を検索することができます。

● 企業における障害のある社員への合理的配慮について知りたい

厚生労働省
「合理的配慮指針事例集【第五版】」

〈URL〉
https://www.mhlw.go.jp/content/11600000/001230884.pdf

〈概要〉
厚生労働省が，事業主が実際に取り組んでいる職場の合理的配慮事例を収集したものです。

● 一般雇用と障害者雇用の違いなど，就労について分かりやすく知りたい

国立障害者リハビリテーションセンター　発達障害情報・支援センター
独立行政法人国立特別支援教育総合研究所　発達障害教育推進センター　発達障害ナビポータル
「さまざまな働き方について」

〈URL〉
https://hattatsu.go.jp/person_family/social_participation/preparation/various-ways-of-working/

〈概要〉
発達障害ナビポータルは，国が提供する発達障害に関する情報に特化したポータルサイトです。サイトには，乳幼児期から成人期まで幅広い情報が網羅されており，その1つとして，本人・家族向けに，一般雇用と障害者雇用など「さまざまな働き方について」説明したコンテンツがあります。
サイト内ではキーワード検索をすることができますので，知りたい情報を探してみるとよいでしょう。

● 就労支援機関の種類・役割について知りたい

独立行政法人高齢・障害・求職者雇用支援機構
「就労支援機関」

〈URL〉
https://www.jeed.go.jp/disability/data/handbook/q2k4vk000003mbkm.html

〈概要〉
障害のある人の就労を支援する主な就労支援機関の全体像がまとめられています。

〈内容例〉
ハローワーク，地域障害者職業センター，障害者就業・生活支援センター，障害者職業能力開発校

独立行政法人福祉医療機構　WAM NET
「すくすくサポート　〜子どもの発達・成長・障害に関する情報〜
　２．どのような支援があるのか知りたいとき」

〈URL〉
https://www.wam.go.jp/content/wamnet/pcpub/top/sukusupport/sukusupport003.html

〈概要〉
障害のある人の就労を支援する福祉機関について，分かりやすく説明されています。

〈内容例〉
就労移行支援，就労継続支援Ａ型（雇用型），就労継続支援Ｂ型（非雇用型）

● 就労を見据えた指導・支援にあたり参考となるツールを知りたい

独立行政法人高齢・障害・求職者雇用支援機構　障害者職業総合センター
「職業リハビリテーションに関する研究　マニュアル，教材，ツール等」

〈URL〉
https://www.nivr.jeed.go.jp/research/kyouzai/index.html

〈概要〉
調査研究の成果がツールとしてまとめられています。教育実践にあたり参考となるツールも見られます。

〈内容例〉
「発達障害者就労支援レファレンスブック（課題と対応例）」
「ジョブコミュニケーション・スキルアップセミナー（試案）　−SST研修資料集−」
「就職支援ガイドブック…発達障害のあるあなたに…」
「職業リハビリテーションのためのワーク・チャレンジ・プログラム（試案）−教材集−」

● 保護者や関係機関との連携方法など，自己研鑽を深めたい

国立障害者リハビリテーションセンター　発達障害情報・支援センター 独立行政法人国立特別支援教育総合研究所　発達障害教育推進センター 発達障害ナビポータル　教育福祉連携のための研修ガイド・モデル研修動画集 「eラーニングコンテンツ（モデル研修動画集）」
〈URL〉 https://hattatsu.go.jp/supporter/training_video_distribution/education_and_welfare_cooperation/model_training_video/
〈概要〉 発達障害ナビポータルは，国が提供する発達障害に関する情報に特化したポータルサイトです。サイトには，教育福祉連携のための研修ガイドや研修動画集があり，その1つとして，「家族・保護者支援」や「他分野との連携」をテーマとしたものがあります。 他にも多様なテーマが取り扱われていますので，知識を深めたい内容を探してみるとよいでしょう。

3．障害者手帳について

● 障害者手帳制度について知りたい

厚生労働省 「障害者手帳」
〈URL〉 https://www.mhlw.go.jp/stf/seisakunitsuite/bunya/hukushi_kaigo/shougaishahukushi/techou.html
〈概要〉 厚生労働省の障害者福祉施策のサイトから，「身体障害者手帳」「療育手帳」「精神障害者保健福祉手帳」についての情報にアクセスすることができます。

国立障害者リハビリテーションセンター　発達障害・情報支援センター
「障害者手帳」

〈URL〉
http://www.rehab.go.jp/ddis/system/supportact/handycapped/

〈概要〉
国立障害者リハビリテーションセンター　発達障害・情報支援センターのサイトから、「身体障害者手帳」「療育手帳」「精神障害者保健福祉手帳」についての情報にアクセスすることができます。

4．相談・支援機関について

● 障害のある生徒の支援について相談したい

国立障害者リハビリテーションセンター　発達障害・情報支援センター
「発達障害者支援センター・一覧」

〈URL〉
http://www.rehab.go.jp/ddis/action/center/

〈概要〉
国立障害者リハビリテーションセンター　発達障害情報・支援センターのサイトから、各自治体の発達障害者支援センターのサイトにアクセスすることができます。

● 障害のある生徒の就労支援について助言を得たい

厚生労働省
「障害者就業・生活支援センターについて」

〈URL〉
https://www.mhlw.go.jp/stf/newpage_18012.html

〈概要〉
厚生労働省のサイトから、各地域の障害者就業・生活支援センター一覧を確認することができます。

独立行政法人高齢・障害・求職者雇用支援機構
「地域障害者職業センター」

〈URL〉
https://www.jeed.go.jp/location/chiiki/

〈概要〉
独立行政法人高齢・障害・求職者雇用支援機構のサイトから，同機構の組織の下部組織である，各地域の障害者職業センターのサイトにアクセスすることができます。

● 相談・支援機関を探すために地域の福祉事業所等を検索したい

独立行政法人福祉医療機構　WAM NET
「障害福祉サービス等情報検索」

〈URL〉
https://www.wam.go.jp/sfkohyoout/COP000100E0000.do#

〈概要〉
独立行政法人福祉医療機構　WAM NET のサイトから，各地域の障害福祉サービス事業所情報（例えば，就労移行支援事業所，相談支援事業所）等を検索することができます。

＊ここで紹介している外部へのリンクは執筆時に確認したものです。

資　料

資料2

キャリア教育に関する資料

　ここでは，生徒のキャリア発達を支える上で特に押さえておきたい，キャリア教育についての資料を紹介します。

文部科学省
「中学校・高等学校キャリア教育の手引き」

〈URL〉
https://www.mext.go.jp/a_menu/shotou/career/detail/mext_00010.html

〈概要〉
令和5（2023）年3月に発行された最新の手引きです。

＊文部科学省のサイトには，ほかにも参考となる資料がありますので，アクセスできるとよいでしょう。
「キャリア教育」
https://www.mext.go.jp/a_menu/shotou/career/index.htm

文部科学省　国立教育政策研究所生徒指導・進路指導研究センター
**「キャリア教育リーフレットシリーズ1
『高校生の頃にしてほしかったキャリア教育って何？』」**

〈URL〉
https://www.nier.go.jp/shido/centerhp/syoukyari/Carrier_series2017_A4_0331.pdf

〈概要〉
平成29（2017）年3月に発行されたリーフレットです。卒業した生徒が考えるキャリア教育の意義等が紹介されています。

＊生徒指導・進路指導研究センターのサイトには，ほかにも参考となる資料がありますので，アクセスできるとよいでしょう。
「進路指導・キャリア教育の更なる充実のための実践に役立つ資料」
https://www.nier.go.jp/04_kenkyu_annai/div09-shido.html

＊ここで紹介している外部へのリンクは執筆時に確認したものです。

著者紹介（執筆分担）

伊藤　由美（研究代表）
　　執筆箇所　　はじめに
　　　　　　　　第1章　発達障害等のある生徒の進路指導に関する現状と課題
　　　　　　　　第2章　発達障害等のある生徒への進路指導の充実に向けて
　　　　　　　　第3章　発達障害等のある生徒への進路指導に関する事例
　　　　　　　　COLUMN，資料

榎本　容子（研究副代表・質問紙調査主担当）
　　執筆箇所　　本書における用語の定義
　　　　　　　　第1章　発達障害等のある生徒の進路指導に関する現状と課題
　　　　　　　　　第1節　進学の場合
　　　　　　　　　第2節　就職の場合
　　　　　　　　第2章　発達障害等のある生徒への進路指導の充実に向けて
　　　　　　　　　第1節　進路指導の充実に向けた5つのポイント
　　　　　　　　　　2．自己理解を促す指導・支援
　　　　　　　　　　3．自立と社会参加への力を育む指導・支援
　　　　　　　　COLUMN，資料

小澤　至賢（研究副代表・インタビュー調査主担当）
　　執筆箇所　　第2章　発達障害等のある生徒への進路指導の充実に向けて
　　　　　　　　　第2節　ポイント別取組例
　　　　　　　　第3章　発達障害等のある生徒への進路指導に関する事例
　　　　　　　　　第1節　進学の場合
　　　　　　　　　第2節　就職の場合

相田　泰宏（研究分担）
　　執筆箇所　　第2章　発達障害等のある生徒への進路指導の充実に向けて
　　　　　　　　　第1節　進路指導の充実に向けた5つのポイント
　　　　　　　　　　1．組織的対応
　　　　　　　　　　4．進路先決定を支える指導・支援
　　　　　　　　　　5．連携による支援
　　　　　　　　　第2節　ポイント別取組例
　　　　　　　　第3章　発達障害等のある生徒への進路指導に関する事例
　　　　　　　　　第1節　進学の場合
　　　　　　　　　第2節　就職の場合
　　　　　　　　COLUMN，資料

【編著者紹介】
独立行政法人国立特別支援教育総合研究所
（どくりつぎょうせいほうじん
　こくりつとくべつしえんきょういくそうごうけんきゅうじょ）

【著者紹介】
伊藤　由美（いとう　ゆみ）
独立行政法人国立特別支援教育総合研究所総括研究員

榎本　容子（えのもと　ようこ）
独立行政法人国立特別支援教育総合研究所主任研究員

小澤　至賢（おざわ　みちまさ）
独立行政法人国立特別支援教育総合研究所総括研究員

相田　泰宏（あいだ　やすひろ）
独立行政法人国立特別支援教育総合研究所主任研究員

事例で学ぶ！
発達障害のある高校生の進路指導ガイド
　5つのポイントで分かる指導・支援

2025年2月初版第1刷刊 ©編著者	独立行政法人国立特別支援教育総合研究所
	発行者　藤原　光政
	発行所　明治図書出版株式会社
	http://www.meijitosho.co.jp
	（企画）佐藤智恵　（校正）nojico
	〒114-0023　東京都北区滝野川7-46-1
	振替00160-5-151318　電話03(5907)6703
	ご注文窓口　電話03(5907)6668
＊検印省略	組版所　中　央　美　版

本書の無断コピーは，著作権・出版権にふれます。ご注意ください。

Printed in Japan　　　　　　　　　　ISBN978-4-18-079927-5
もれなくクーポンがもらえる！読者アンケートはこちらから　→